DES ADMINISTRATEURS DANS LES SOCIÉTÉS ANONYMES

PAR

P. VILLARD

DOCTEUR EN DROIT,

AVOCAT A LA COUR D'APPEL DE LYON.

PARIS

LIBRAIRIE COTILLON

F. PICHON, SUCCESSEUR, IMPRIMEUR-ÉDITEUR,

Libraire du Conseil d'État et de la Société de Législation comparée,

24, RUE SOUFFLOT, 24.

1884

DES

ADMINISTRATEURS

DANS

LES SOCIÉTÉS ANONYMES

DES

ADMINISTRATEURS

DANS

LES SOCIÉTÉS ANONYMES

PAR

P. VILLARD

DOCTEUR EN DROIT,

AVOCAT A LA COUR D'APPEL DE LYON.

PARIS

LIBRAIRIE COTILLON

F. PICHON, SUCCESSEUR, IMPRIMEUR-ÉDITEUR,

Libraire du Conseil d'État et de la Société de Législation comparée,

24, RUE SOUFFLOT, 24.

1884

DES ADMINISTRATEURS

DANS

LES SOCIÉTÉS ANONYMES

INTRODUCTION.

I. — Il est inutile d'insister aujourd'hui sur l'importance des sociétés anonymes (1). Leur nombre toujours croissant, la grandeur des entreprises auxquelles elles ont servi, la masse d'intérêts qui s'y attachent, le commerce énorme de leurs actions, leurs succès, leurs désastres même et les crises retentissantes qui les suivent, disent assez quel développement elles ont pris dans notre temps.

Notre droit lui-même le dirait si on considérait les changements qu'il a subis et la part toujours plus grande qu'il a accordé aux sociétés anonymes, depuis

(1) Nous parlerons seulement des sociétés commerciales, de beaucoup les plus nombreuses et les plus importantes. Les sociétés civiles peuvent prendre aussi la forme des sociétés anonymes, mais on discute pour savoir si la loi du 24 juillet 1867 leur est applicable (Lyon-Caen et Renault, *Précis de droit commercial*, p. 289. — Lescœur, *Essai sur la législation des sociétés commerciales*, p. 340 et sq.).

les onze articles que leur consacrait le Code de commerce jusqu'aux trente-cinq articles de la loi de 1867, et aux quatre-vingt-six articles du projet qui va le modifier.

Le droit, en effet, est mêlé à la vie des peuples; il en exprime les vicissitudes et les besoins, et marque l'importance d'une institution par le nombre des dispositions qu'il lui consacre. Il se modifie avec les mœurs, avec la civilisation, et participe à leur progrès, trouvant des applications nouvelles qu'on n'avait pas prévues, abandonnant des applications anciennes que l'expérience a condamnées. Il déserte les vieilles coutumes et se porte vers les nouvelles, comme la sève, dans un arbre, quitte les branches mortes et afflue dans les branches vivaces qui croissent et s'étendent d'année en année.

II. — On sait quelle a été l'histoire des sociétés anonymes en France. D'abord soumises à l'autorisation et au contrôle du gouvernement, elles ne purent se former qu'en petit nombre, lorsqu'elles offraient des garanties sérieuses, des chances de succès presque certaines et que l'Etat pouvait, pour ainsi dire, les breveter. L'esprit d'association, gêné par les conditions rigoureuses qu'elles lui imposaient, se tourna vers les sociétés en commandite par actions qui n'étaient pas réglementées (1).

(1) Voyez sur tous ces points l'ouvrage de Lescœur. — En 1838, sur 1026 sociétés qui se fondent, on en compte 463 en commandite par action et 18 anonymes; en 1855, 425 en commandite par ac-

Les abus de la spéculation de 1830 à 1838, de 1850 à 1856, montrèrent que ces sociétés n'offraient pas moins d'inconvénients que les sociétés anonymes. Il fallut en régler l'usage par la loi des 17-23 juillet 1856. Cette loi fit entrer la législation dans une voie nouvelle; elle prouva qu'il était possible de remplacer l'autorisation du gouvernement par des conditions moins gênantes. On réclama bientôt pour les sociétés anonymes, un régime semblable à celui qu'elle avait établi pour les commandites par actions. Le mouvement fut si fort, qu'il fallut le suivre. La nécessité d'une autorisation fut supprimée d'abord par la loi du 23 mai 1863, pour les sociétés dites à responsabilité limitée, dont le capital ne devait pas excéder vingt millions, puis par la loi du 24 juillet 1867 pour toutes les sociétés anonymes (1). Rien ne s'opposa plus à leur essor qui fut si grand.

III. — Les lois de 1856, de 1863 et de 1867 reposent sur les mêmes principes. Nous aurons souvent l'occasion de le constater et d'y trouver les mêmes dispositions. Souvent aussi, nous citerons des documents de jurisprudence qui, bien qu'antérieurs à

---

tions et 14 anonymes.—Depuis la loi de 1867, la proportion est renversée. Il s'est formé en 1875 13 sociétés en commandite par actions et 106 anonymes; en 1876, 19 en commandite par actions et 100 anonymes; en 1882, 34 en commandite par actions et 331 anonymes.

(1) A l'exception des associations de la nature des tontines et des sociétés d'assurances sur la vie, mutuelles ou à prime, qui restent soumises à l'autorisation et à la surveillance du gouvernement (article 66 de la loi de 1867).

1867, ont conservé toute leur autorité, parce que les règles générales et les textes dont ils faisaient l'application n'ont pas changé. Il n'y a pas eu changement, mais accroissement de la législation.

Comme les fleuves qui forment des terres nouvelles par le dépôt de leurs eaux, trois causes contribuent à former la loi : la jurisprudence, la doctrine et l'exemple des législations étrangères. — La jurisprudence, toujours sollicitée et instruite par la pratique, tire des principes du droit les conséquences qu'ils renferment, fait connaître les besoins qu'ils n'ont pas prévus et avertit le législateur, en le devançant quelquefois. La doctrine réunit les décisions éparses de la jurisprudence, en contrôle l'exactitude et en fait sortir des règles générales. Les législations étrangères apportent des idées nouvelles. — Ces trois causes ont donné à la loi sur les sociétés par actions une ampleur toujours plus grande. Elles sont encore à l'œuvre pour la rendre plus étendue et plus complète.

IV. — La loi a réglé la constitution des sociétés anonymes et leur fonctionnement. Nous étudierons seulement une partie des règles du fonctionnement, celles qui concernent les administrateurs.

Les administrateurs sont le pouvoir exécutif de la société : ils la conduisent et la représentent. La société anonyme est organisée comme un État. L'assemblée générale des actionnaires en a la souveraineté, mais elle délègue une partie de ses droits à des représentants qui agissent pour elle dans les nombreuses circonstances où elle ne peut pas agir. Ce sont les administrateurs, chargés de la direction, et les commissaires de surveillance, chargés du contrôle. Au-dessus d'eux et de l'assemblée générale elle-même, les statuts et la loi tiennent la place d'une constitution qui garantit le droit de chacun contre les intérêts du plus grand nombre.

En fait, les administrateurs ont une influence prépondérante. L'assemblée générale suit ordinairement tous leurs avis qu'elle est incapable de contrôler. Pour limiter un pouvoir dont ils pourraient abuser, la loi a fixé dans l'intérêt des actionnaires et des tiers des règles à leurs attributions et à leur responsabilité.

Les tiers qui traitent avec une société anonyme n'ont pour garantie que le capital de la société. Il leur importe beaucoup que ce capital ne puisse pas être diminué à leur insu et que les principaux changements du pacte social leur soient connus. La loi ordonne aux administrateurs de publier ces changements et leur défend de rembourser aux actionnaires aucune partie de leurs mises en dehors de certaines conditions.

Dans l'intérêt des actionnaires, elle consacre les droits de l'assemblée générale, ceux des commissaires de surveillance, et rend obligatoires diverses mesures qui tendent à assurer la bonne et loyale administration de la société.

Enfin elle rappelle aux administrateurs leur responsabilité soit envers les actionnaires, soit envers les tiers, et prononce des peines correctionnelles contre ceux qui commettraient certaines fautes particulièrement graves.

Telles sont, dans leurs traits généraux, les règles établies par la loi du 24 juillet 1867 que nous allons commenter. Avant d'en commencer l'explication, nous exposerons brièvement la situation faite aux administrateurs par le Code de commerce et la loi du 23 mai 1863 dont les dispositions sont encore en vigueur pour un certain nombre de sociétés.

DES ADMINISTRATEURS SOUS LE RÉGIME DU CODE DE COMMERCE.

V. — Deux articles seulement du Code de commerce concernaient l'administration des sociétés anonymes.

Art. 31. « La société anonyme est administrée par « des mandataires à temps, révocables, associés, sa- « lariés ou gratuits. » — Art. 32. « Les administrateurs « ne sont responsables que de l'exécution du mandat « qu'ils ont reçu. »

La loi était muette sur la nomination des administrateurs, sur leurs pouvoirs, sur le droit de contrôle des actionnaires; elle n'imposait aucune règle d'administration. Les statuts et l'usage y suppléaient. Le gouvernement n'autorisait la formation des sociétés anonymes que sur un avis du Conseil d'État. Le Conseil d'État examinait les statuts et avait soin d'exiger des stipulations propres à garantir les intérêts des actionnaires et des tiers. Plusieurs de ces stipulations étaient de rigueur, et ont passé plus tard dans la loi.

Une ordonnance ministérielle du 22 octobre 1817 définissait ainsi la mission du gouvernement : « Comme la loi a pourvu à la sûreté du commerce par les règles de la responsabilité, de la solidarité et de la contrainte par corps envers ceux qui commercent en leur nom ou dans les sociétés collectives; — comme elle a pris des précautions pour que l'administration des commanditaires ne portât pas atteinte aux garanties dues au public; — elle a dû en instituer de plus spéciales à l'égard des sociétés où n'existe pas la responsabilité personnelle des associés ordinaires.

Elle s'est donc réservé de constater : qu'une telle société n'est pas un piège tendu à la crédulité....., que les capitaux énoncés existent effectivement, ou que le versement en est suffisamment assuré ; qu'ils sont proportionnés à l'entreprise; que les statuts qui en établissent l'administration offrent aux associés une garantie morale, et, en tous cas, des moyens de surveillance et l'exercice des droits qui leur appartiennent sur l'emploi de leurs deniers. »

VI. — L'administration des sociétés anonymes fut donc régie par les statuts, qui formaient une sorte de législation supplémentaire, et par le droit commun. La pratique lui donna de bonne heure une organisation, qui dans ses traits essentiels n'a pas changé, et reconnut en même temps que les administrateurs les deux autres pouvoirs qui concourent avec eux au gouvernement de la société.

D'abord, l'assemblée générale des actionnaires, dépositaire du pouvoir social, qui se réunissait une ou plusieurs fois par an, suivant les règles écrites dans les statuts, recevait les comptes des administrateurs et leur dictait la conduite à suivre (1), les nommait et les révoquait. On lui accordait à cet égard des droits très étendus. « Les assemblées générales, disait Delangle, ont le droit d'imposer à l'exploitation sociale les conditions qu'elles jugent convenables ; elles peuvent à leur gré restreindre ou bien étendre la fabrication, prendre toutes les mesures qui se rapportent à l'exécution du contrat, quelque influence que ces mesures puissent en définitive exercer sur le fonds social. Dès que les administrateurs ne sont que des mandataires révocables, il est tout simple que les associés règlent à leur gré l'exercice d'un mandat qui est leur œuvre (2). »

Mais l'assemblée générale ne pouvait toucher aux statuts qui, ayant été approuvés par le gouvernement, ne devaient être changés qu'avec son appro-

---

(1) Dalloz, Répertoire, v° *Société*, n. 1547 et sq.

(2) Delangle, *Des sociétés commerciales*, t. II, n. 436.

bation (1). Les statuts étaient la garantie des tiers et de la minorité des actionnaires. « Les assemblées générales, disait encore Delangle, peuvent arrêter les dépenses, en voter de nouvelles, engager par des délibérations le capital social, changer le mode de la gestion et en modifier les éléments ; mais elles doivent rester dans les limites des statuts. Toute dérogation aux clauses qui protègent les tiers et défendent l'ordre public est expressément interdite ; toute délibération contraire à ces règles est nulle, d'une nullité absolue (2). »

L'assemblée des actionnaires était au-dessus des administrateurs. On plaça à côté d'eux, pour exercer un contrôle permanent, des censeurs ou commissaires de surveillance. Leur mission n'était pas exactement définie comme elle l'est aujourd'hui, aucun texte ne l'ayant fixée. Ils étaient chargés « d'inspecter les écritures, les travaux, les recettes, les dépenses; de s'assurer si les statuts étaient religieusement observés; de veiller à ce que les affaires ne s'écartassent point de la direction prévue par le contrat. » Ils pouvaient en outre « recevoir des stipulations sociales le droit de donner certains ordres, de prescrire certains actes et d'en empêcher d'autres (3). »

VII. — Les administrateurs étaient traités suivant

---

(1) Dalloz, Répertoire, v° *Société*, n. 1480.

(2) Delangle, n. 442. — Cass. 16 juillet 1838, D. 1838. 1. 328.

(3) Delangle, n. 433.

les règles ordinaires du mandat et toujours révocables (1). L'ordonnance de 1817 avait pris soin qu'ils ne pussent pas se faire dans la société une situation à part, indépendante des actionnaires. « Les premiers administrateurs temporaires, disait-elle, peuvent être désignés dans les actes sociaux; mais, conformément à l'article 31 du Code de commerce, les gérants des sociétés anonymes n'étant que des mandataires nécessairement à temps et révocables, et tous les sociétaires devant avoir des droits égaux ou proportionnés à leur mise, les actes sociaux ne peuvent réserver à aucun individu, sous le nom d'auteur du projet d'association, de fondateur ou autre, aucune propriété spéciale sur l'entreprise, aucun droit à la gestion perpétuelle ou irrévocable, ni aucun prélèvement sur les profits, autre que le salaire à attribuer aux soins qu'il peut donner à l'administration. »

La loi ne leur imposait dans leur gestion aucune obligation particulière; mais une circulaire du ministère de l'intérieur du 11 décembre 1818 formulait trois prescriptions qui ont été en partie reproduites par les lois ultérieures.

Elle exigeait que les sociétés anonymes fixassent dans leurs statuts une proportion de perte du capital qui les obligerait à se dissoudre; qu'elles fissent une réserve annuelle sur le montant des bénéfices; qu'elles présentassent tous les six mois leur état de

(1) Delangle, n. 433.

situation, dont une copie devait être remise au greffe du tribunal de commerce, une autre copie au préfet du département et une troisième à la chambre de commerce. — Les sociétés qui avaient des actions au porteur devaient publier cet état de situation par la voie de l'impression.

La même circulaire, tranchant une question qui est controversée sous l'empire de la loi de 1867, décidait que « quand le capital a été entamé, tous les bénéfices doivent être d'abord consacrés à le rétablir et, pour cet effet, doivent être mis en réserve, sans qu'il soit permis de distribuer des dividendes jusqu'au complément du fonds social originaire. »

VIII. — Les pouvoirs des administrateurs et leur responsabilité étaient déterminés par les principes suivants, empruntés aux règles générales du mandat :

1° L'administrateur ne peut faire que les actes qui tiennent directement à l'administration.

2° Il est tenu d'accomplir son mandat, tant qu'il en est chargé, et il répond des dommages-intérêts qui pourraient résulter de son inexécution (art. 1991, Code civil).

3° Il répond non seulement de son dol, mais des fautes qu'il pourrait commettre dans la gestion, sauf à appliquer moins rigoureusement la responsabilité, si le mandat est gratuit (art. 1992, Code civil).

4° Il est tenu de rendre compte de sa gestion et de faire raison à la société de tout ce qu'il a reçu en vertu de sa procuration, quand même ce qu'il a reçu n'eût point été dû à la société (1).

Aucune disposition spéciale n'avait été établie pour punir certains actes des administrateurs plus rigoureusement que ne l'eût fait le droit commun.

Tels sont les principes qu'il faut appliquer aujourd'hui encore dans les sociétés anonymes créées sous le régime de l'autorisation, c'est-à-dire à toutes celles qui se sont fondées avant 1863 et à celles qui se sont constituées de 1863 à 1867 autrement que sous la forme de sociétés à responsabilité limitée, si toutefois elles n'ont pas subi de transformation (2). Ces principes sont ordinairement complétés par les dispositions détaillées des statuts qui pendant cette période ont contenu en germe la législation des sociétés par actions.

DES ADMINISTRATEURS SOUS LE RÉGIME DE LA LOI DU 23 MAI 1863.

IX. — La loi de 1863 réalisa un grand progrès. Elle donna la liberté aux sociétés anonymes dont le capital ne dépassait pas vingt millions et en même temps leur imposa un règlement. A la place des dis-

(1) Delangle, n. 443.

(2) L'article 46 de la loi de 1867 permet aux anciennes sociétés anonymes de se soumettre au régime de cette loi, en obtenant l'autorisation du gouvernement et en observant les formes prescrites pour la modification de leurs statuts. Mais il n'est pas probable qu'on ait beaucoup fait usage de cette faculté.

positions variables des statuts et des dispositions trop larges du droit commun, il y eut désormais dans la loi tout un système de protections pour les actionnaires et pour les tiers. Ce système n'a guère changé depuis.

La loi règla la convocation, la composition et la tenue des assemblées générales (art. 12, 13 et 14). Elle détermina les attributions des commissaires de surveillance ; leur donna le droit de prendre la communication des livres, d'examiner les opérations sociales et de convoquer les actionnaires, toutes les fois qu'ils le jugeraient utile (art. 15 et 16).

Les administrateurs durent être nommés par l'assemblée générale, pour six ans au plus (art. 6) ; être propriétaires par parts égales d'un vingtième du capital social, affecté à la garantie de leur gestion (art. 7). La loi leur ordonna de présenter chaque année un inventaire à l'assemblée générale et chaque trimestre un état de la situation sociale aux commissaires (art. 17) ; de mettre à la disposition des actionnaires, quinze jours avant l'assemblée, une copie du bilan et du rapport des commissaires. Elle leur imposa l'obligation de prélever annuellement sur les bénéfices nets un vingtième au moins affecté à la formation d'un fonds de réserve, jusqu'à ce que ce fonds eut atteint le dixième du capital social (article 19) et celle de convoquer l'assemblée générale en cas de perte de trois quarts du capital, pour prononcer, s'il y avait lieu, la dissolution de la société (art. 20).

Elle leur interdit de prendre ou de conserver un intérêt direct ou indirect dans une opération faite avec la société ou pour son compte, à moins qu'ils n'y fûssent autorisés par l'assemblée générale pour certaines opérations spécialement déterminées (article 23).

X. — La loi n'établit pas de règles nouvelles quant à la responsabilité des administrateurs. Mais elle leur rappela qu'ils étaient responsables de la nullité de la société encourue pendant la durée de leurs fonctions (art. 25), de la distribution de dividendes fictifs et plus généralement des infractions à la loi et des fautes commises dans leur gestion.

De plus, elle donna une sanction pénale à certaines de ses dispositions en punissant d'une amende de 50 à 1000 fr. les administrateurs qui négligeraient d'indiquer dans les actes émanés de la société sa responsabilité limitée et d'énoncer son capital (articles 11 et 28); d'une amende de 500 à 10.000 fr. ceux qui créeraient une majorité frauduleuse dans les assemblées d'actionnaires (art. 29); d'un emprisonnement de huit jours à six mois et d'une amende de 500 à 10.000 fr., ou de l'une de ces peines seulement, ceux qui émettraient des actions en contravention à l'article 3 de la même loi (art. 30); enfin des peines de l'escroquerie ceux qui, en l'absence d'inventaires ou au moyen d'inventaires frauduleux, auraient opéré ou laissé opérer sans opposition la répartition de dividendes non réellement acquis.

Nous n'insistons pas sur ces dispositions de la loi de 1863 que nous retrouverons, sauf quelques modifications, dans la loi de 1867. Nous devons seulement rappeler que, comme les dispositions du Code de commerce, elles sont encore en vigueur pour plusieurs sociétés. Les sociétés à responsabilité limitée qui se sont fondées de 1863 à 1867 et qui ne se sont pas transformées depuis cette époque (1) y restent soumises.

C'est sous le bénéfice de cette observation que nous allons étudier la situation faite aux administrateurs par la loi du 24 juillet 1867.

(1) L'article 47 de la loi de 1867 permet aux sociétés à responsabilité limitée, de se transformer en sociétés anonymes dans les termes de la même loi, en se conformant aux conditions stipulées pour la modification de leurs statuts. Elles n'y ont guère d'avantages, à moins qu'elles ne veuillent élever leur capital au-dessus de vingt millions.

CHAPITRE PREMIER.

NOMINATION ET RÉVOCATION DES ADMINISTRATEURS.

1. — « Les sociétés anonymes sont administrées, « dit l'art. 22 de la loi du 24 juillet 1867, par un ou « plusieurs mandataires à temps, révocables, sala- « riés ou gratuits, pris parmi les associés. »

Les sociétés anonymes comptent ordinairement beaucoup trop d'associés pour qu'ils soient tous ensemble chargés de l'administration. Ils n'ont ni le temps, ni la compétence, ni l'unité de vue nécessaires : c'est pourquoi ils délèguent leurs droits à quelques-uns d'entre eux. L'assemblée générale des actionnaires, qui ne se réunit qu'une ou deux fois par an, confie à des administrateurs les pouvoirs nécessaires pour gérer à sa place les affaires sociales. Il y a un ou plusieurs administrateurs, suivant l'importence et la nature des sociétés ; lorsqu'ils sont plusieurs, ils forment un conseil d'administration (1).

---

(1) La loi belge du 18 mai 1873 veut qu'il y ait au moins trois administrateurs (art. 45-1°) : « Le législateur n'a pas pensé pouvoir permettre un administrateur unique, comme dans les sociétés en commandite où il peut n'y avoir qu'un seul gérant parce que sa toute-puissance, en matière administrative du moins, ne serait pas compensée par la responsabilité qui pèse sur le commandité. » (Guillery, *Des Sociétés commerciales en Belgique*, t. II, n° 613, 2e édition).

2.—La loi veut que les administrateurs soient associés, pour qu'ils aient un intérêt au succès de la société. On a critiqué cette conditions qui, a-t-on dit, ne permettrait pas de choisir toujours les plus capables. Il ne semble pas qu'en pratique elle ait eu de grands inconvénients. Le prix des actions n'est généralement pas assez élevé pour qu'il soit difficile de s'en procurer au moins une. D'ailleurs le conseil d'administration n'est pas un conseil technique; c'est le plus souvent une réunion des principaux intéressés qui surveille la marche de la société menée par un directeur.

3.—De plus, d'après l'art. 26, « les administrateurs « doivent être propriétaires d'un nombre d'actions « déterminé par les statuts. — Ces actions sont affectées en totalité à la garantie de tous les actes de « la gestion, même de ceux qui seraient exclusive- « ment personnels à l'un des administrateurs ; — « elles sont nominatives, inaliénables, frappées d'un « timbre indiquant l'inaliénabilité et déposées dans « la caisse sociale. » Ce fonds de garantie était déjà établi par la loi du 23 mai 1863 qui l'avait organisé d'une autre façon (art. 7) ; les administrateurs devaient être propriétaires par parts égales d'un vingtième du capital social. En 1867, on ne pouvait exiger la propriété du vingtième dans des sociétés dont le capital pouvait excéder vingt millions. Aussi le projet du gouvernement proposait-il de fixer un maximum de 150,000 fr. Le Corps législatif fut d'avis qu'il valait mieux laisser aux statuts le soin de déterminer quel serait le dépôt obligatoire. En effet, les statuts peuvent tenir compte des circonstances que la loi ne connaît pas (1).

La loi de 1863 voulait que les administrateurs fussent propriétaires, par parts égales, des actions de garantie. On supprima cette exigence comme ayant pour résultat « d'exclure des fonctions d'administrateurs des hommes qui ont plus de capacité et d'expérience que d'argent (2). » Les statuts pourraient donc décider que le conseil d'administration doit posséder, par exemple, le trentième du capital social, et il suffirait qu'un de ses membres ait une seule action, si les autres possédaient le reste.

Mais on remplaça l'égalité des parts par un système qui offre au moins autant d'inconvénients. Dans la crainte que la société ne se trouvât dépourvue de garantie contre quelques-uns des administrateurs, on décida que toutes les actions déposées répondraient de tous les actes de la gestion même ceux qui seraient exclusivement personnels à l'un des administrateurs. On établit ainsi une sorte de solidarité réelle, qui d'ailleurs ne s'étend pas au-delà des actions de garantie et qui, bien entendu, donne un

(1) Mathieu et Bourguignat, *Commentaire de la loi sur les Sociétés*, p. 166.

(2) Tripier, *Commentaire de la loi de 1867 sur les Sociétés*, t. I, p. 43.

recours contre l'administrateur coupable à celui qui a payé pour lui.

4. — Cette solidarité, tout à fait contraire au droit commun, oblige les administrateurs à répondre sur leurs actions de garantie des fautes qu'ils n'ont pas commises. « La garantie collective produit effet, dit M. Mathieu, le rapporteur de la loi, bien que l'acte de gestion imputé à faute à l'un des administrateurs ait été accompli par lui contre l'avis et malgré les protestations de ses collègues ; c'est bien là le cas de notre article qui prévoit un fait de gestion « exclusivement personnel à l'un des administrateurs. » — C'est à eux en effet de bien choisir leurs collègues et, s'ils n'ont pas pleine confiance en ceux que l'assemblée générale leur donne, de ne pas accepter la mission qui leur est confiée par cette assemblée. Ceux-là d'ailleurs, contre l'avis desquels un acte est fait, ont un moyen d'échapper à la responsabilité collective créée par la loi : c'est, au lieu de se borner à une protestation stérile, de donner leur démission et d'en appeler ainsi à la société elle-même (1). » Ce sont là de bien grands remèdes qu'il n'aurait pas fallu rendre nécessaires. Ordinairement les statuts reviennent au système plus simple de l'égalité des parts ; mais dans ce cas même, la loi impose la solidarité réelle qui n'a cependant plus aucune raison d'être.

---

(1) Mathieu et Bourguignat, p. 169.

D'après l'article 26-3° les actions de garantie sont nominatives, inaliénables, frappées d'un timbre qui indique l'inaliénabilité. La société a sur ces actions un véritable droit de gage qui se trouve constitué par leur dépôt dans la caisse sociale. Les administrateurs en conservent la propriété, mais ne peuvent les aliéner. Leurs créanciers peuvent les saisir mais non les faire vendre, et lorsque la vente a lieu, leur droit passe après le droit privilégié de la société. Quand les administrateurs cessent leurs fonctions et ont reçu décharge de leurs comptes, ils reçoivent des actions libres et non estampillées en échange de celles qu'ils avaient déposées (1).

La loi n'a pas dit quelle serait la sanction de l'article 26. Ce n'est pas la nullité de la société, car les causes de nullité sont énumérées dans l'article 41 qui ne prévoit pas celle-là. C'est ordinairement la responsabilité des administrateurs.

M. Cornudet, commissaire du gouvernement, disait au Corps législatif : « Je n'hésite pas à penser que si des administrateurs avaient accepté leurs fonctions sans posséder d'actions et avec des statuts où l'article 26 aurait été méconnu, l'article 44 pourrait être invoqué contre eux et qu'ils pourraient être déclarés responsables sur leur fortune personnelle de l'infraction à la disposition de l'article 26, si cette

---

(1) Pont, *Sociétés commerciales*, n°s 1624 et 1625. — Boistel, *Précis de Droit commercial*, 2e édition, n° 312.

infraction avait eu pour effet de causer un préjudice à la société (1). »

Si les statuts ont déterminé le nombre d'actions à déposer, les administrateurs doivent s'y conformer. Si les statuts n'ont rien dit, ils doivent demander à l'assemblée générale de les compléter et toute personne intéressée peut faire la même demande (2). Dans les deux cas les administrateurs sont responsables envers la société du dommage que leur faute ou leur négligence a pu lui causer. Ils peuvent de plus être réputés démissionnaires ou révoqués, après une mise en demeure restée sans effet (3).

---

(1) M. Pont (n° 1626) n'admet pas ici l'application de l'article 44, parce que cet article n'aurait en vue que les fautes commises dans la gestion. Nous verrons plus loin qu'il prévoit, en termes exprès, les infractions à la loi, comme celle que nous supposons.

(2) Nous n'admettons pas que, dans le silence des statuts, le dépôt d'une seule action suffise pour satisfaire à la loi. (Lyon-Caen et Renault, *Précis de Droit commercial*, n° 478). Ce serait une garantie dérisoire et le législateur, en établissant l'art. 26, après avoir exigé que les administrateurs fussent des associés, a montré qu'il ne s'en contentait pas.

(3) La loi belge exige comme la nôtre le dépôt d'actions de garantie (art. 47 et 48). — (Voyez aussi le Code suisse des obligations (art. 658), et le Code de commerce italien (art. 123).) — Elle a prévu le cas où ce dépôt n'aurait pas lieu et décide (art. 49) qu' « à défaut de s'être conformé aux conditions prescrites, dans le mois de la constitution définitive de la société, s'il s'agit d'une administration nommée par les statuts, ou dans le mois de la nomination ou de la notification qui devra lui être faite, si elle a eu lieu en son absence et qu'il s'agisse d'un administrateur nommé par l'assemblée générale, tout administrateur sera réputé démissionnaire et il sera pourvu à son remplacement par l'assemblée générale. »

5. — Les premiers administrateurs sont nommés par l'assemblée générale des actionnaires au moment où la société se constitue définitivement. « Une assem-« blée générale, dit l'article 25, est convoquée, à la « diligence des fondateurs, postérieurement à l'acte « qui constate la souscription du capital social et le « versement du quart du capital, qui consiste en nu-« méraire. Cette assemblée nomme les premiers « administrateurs; elle nomme également, pour la « première année, les commissaires institués par l'ar-« ticle 32 ci-après. — Ces administrateurs ne peu-« vent être nommés pour plus de six ans : ils sont « rééligibles, sauf stipulation contraire. — Toute-« fois ils peuvent être désignés par les statuts, avec « stipulation formelle que leur nomination ne sera « point soumise à l'approbation de l'assemblée géné-« rale. En ce cas, ils ne peuvent être nommés pour « plus de trois ans. — Le procès-verbal de la séance « constate l'acceptation des administrateurs et des « commissaires présents à la réunion. — La société « est constituée à partir de cette acceptation. »

L'assemblée dont il est ici parlé est régie par les dispositions des art. 27 et 30 de la loi de 1867. Elle doit représenter la moitié au moins du capital social et tout actionnaire, quel que soit le nombre des actions dont il est porteur, peut prendre part au vote, avec le nombre de voix déterminé par les statuts, sans qu'il puisse être supérieur à dix (art. 27). Si on ne pouvait réunir assez d'actionnaires pour représenter la moitié du capital social, il faudrait faire une nouvelle convocation, conformément à l'art. 30-3°.

La société est constituée par l'acceptation des administrateurs nommés dans cette assemblée. Jusque-là elle n'existe pas : les opérations commencées en son nom seraient faites par des négociateurs sans mandat et n'engageraient qu'eux. L'acceptation des administrateurs qui étaient absents peut être donnée par un acte ultérieur, authentique ou sous-seing privé qui est annexé au procès-verbal. Elle peut aussi être tacite et résulter, par exemple, de l'assistance au conseil d'administration et de la part prise à ses délibérations (1).

Il est possible que les fondateurs tiennent à se réserver l'administration de la société, dans les premiers temps, soit à raison des intérêts considérables qu'ils y gardent, soit parce qu'ils sont plus capables que personne de la diriger. La loi leur permet de s'attribuer ce droit dans les statuts (art. 25-3°). C'est une exception au principe suivant lequel les administrateurs doivent être nommés par l'assemblée générale, mais non pas aux règles du mandat. Dans ce cas même, les administrateurs sont les mandataires des actionnaires, car la désignation contenue dans les statuts n'était qu'un projet que les actionnaires ont réalisé par leur consentement. Il résulte d'ailleurs du texte de la loi

---

(1) Bédarride, *Commentaire de la loi de 1867 sur les Sociétés*, t. II, p. 375.

qu'en dehors d'une stipulation formelle la désignation de statuts a besoin d'être ratifiée par l'assemblée.

6. — Les pouvoirs des administrateurs sont temporaires : ils durent au plus six ans. Cette durée est un maximum imposé par la loi ; les statuts pourraient la rendre moindre. Dans le cas où les administrateurs sont nommés par les statuts, sans le contrôle des actionnaires, ils ne le sont que pour trois ans. Toute convention contraire serait nulle.

Les pouvoirs expirés peuvent être renouvelés. Sans cela, on ne pourrait conserver dans la direction de la société l'esprit de suite et de tradition qui sont ordinairement nécessaires. Les statuts contiennent rarement la clause de non rééligibilité que la loi permet d'y introduire : cette clause n'aurait guère que des inconvénients. On prend souvent au contraire des précautions pour ne pas déplacer brusquement la majorité du conseil d'administration. On décide par exemple que le renouvellement des administrateurs, au lieu de se faire d'un seul coup et en une seule fois, se fera par parties, chaque année.

Les élections nouvelles sont naturellement faites par l'assemblée générale des actionnaires : c'est le seul pouvoir qui ait qualité pour désigner les mandataires de la société. Mais cette assemblée n'est plus soumise aux mêmes règles que pour les nominations. Il suffit qu'elle représente le quart du capital social et les statuts déterminent librement à quelles conditions on a le droit d'y voter (art. 27 et 29). C'est une assemblée ordinaire, le plus souvent l'assemblée annuelle.

Il peut arriver qu'au cours de l'année la mort ou la démission de l'un des administrateurs laisse une place vide dans le conseil. Les statuts permettent ordinairement à ses collègues de la remplir provisoirement, sauf à l'assemblée générale, lors de sa première réunion, de ratifier leur choix ou de procéder à une autre élection (1). Mais les statuts ne pourraient leur permettre de faire un choix définitif. Ce serait contraire à la loi qui a confié la nomination des administrateurs à l'assemblée des actionnaires.

7.— Les fonctions des administrateurs cessent par les différentes causes qui mettent fin à un mandat : l'expiration du temps pour lequel il a été donné, la renonciation, la déconfiture ou la faillite, et la révocation.

Nous avons dit que le mandat des administrateurs leur est donné pour une durée de six ans au plus. Il prend fin avant l'expiration de ce temps s'ils tombent en déconfiture ou en faillite, ou s'ils donnent leur démission. Comme tous mandataires, ils peuvent librement renoncer à leurs fonctions,

---

(1) Art. 45-4° de la loi Belge. « En cas de vacance d'une place d'administrateur et sauf disposition contraire dans les statuts, les administrateurs restants et les commissaires réunis ont le droit d'y pourvoir provisoirement. Dans ce cas, l'assemblée générale, lors de sa première réunion, procède à l'élection définitive. » — L'article 125 du Code de commerce italien contient une disposition analogue.

conformément à l'article 2007. Ils n'ont ni à motiver ni à justifier leur renonciation, mais elle ne doit pas être intempestive ou inopportune : autrement la société pourrait se faire indemniser du préjudice qu'elle lui cause. Cette réserve s'applique rarement quand il y a plusieurs administrateurs, car la retraite d'un seul n'entrave pas les affaires sociales. Elle s'applique au contraire s'il n'y a qu'un administrateur ou s'il s'agit d'un administrateur délégué (1).

L'assemblée générale des actionnaires peut révoquer les administrateurs, conformément à l'article 2004 du Code civil : « Le mandant peut révoquer « sa procuration quand bon lui semble. » La révocation peut être faite *ad nutum*, au gré des actionnaires. C'est le droit commun et il y a ici des raisons spéciales pour le justifier. Le mandant ne pouvant surveiller que de très loin l'exécution du mandat, il faut qu'il ait toute confiance en ceux qu'il en a chargé.

On a prétendu que cette règle ne s'appliquait pas aux administrateurs nommés par les statuts, mais seulement à ceux qui sont nommés par les actionnaires. L'article 1856 du Code civil dit en effet que le pouvoir de gérer, s'il a été donné par une clause spéciale du contrat de société, ne peut être révoqué sans cause légitime, tandis qu'il est révocable comme un simple mandat s'il n'a été donné que par acte pos-

(1) On fera aussi une différence entre les administrateurs salariés et ceux qui ne le sont pas. (Lyon-Caen et Renault, p. 252, note 3).

térieur au contrat de société. On fait remarquer que les fondateurs, en inscrivant leurs noms dans les statuts, ont témoigné la volonté de conserver l'administration pendant un temps donné et que les actionnaires y ont adhéré en souscrivant. En sorte qu'une clause tacite rendrait irrévocables les administrateurs ainsi désignés.

Cette opinion est généralement repoussée. Si l'article 1856 s'applique aux sociétés en nom collectif et aux sociétés en commandite, c'est-à-dire aux sociétés de personnes où les gérants sont personnellement tenus sur leurs biens, il ne peut être étendu aux sociétés anonymes. Ici les gérants ne sont tenus que dans la limite des actions qu'ils possèdent, il serait dangereux de leur conférer des pouvoirs qu'on ne pourrait leur retirer. D'ailleurs, la loi de 1867 a tranché la question : l'article 22 déclare que les administrateurs sont révocables. Une clause expresse des statuts ne pourrait pas décider le contraire; à plus forte raison, une clause tacite.

8. — Les administrateurs révoqués sans cause légitime ont-ils droit à une indemnité? On décide généralement que non, car leur reconnaître ce droit, ce serait diminuer celui des actionnaires. Il est vrai que la doctrine et la jurisprudence accordent en pareil cas des dommages-intérêts à des mandataires dont la situation ressemble à celle des administrateurs, mais seulement lorsque le mandat se rapproche du louage d'ouvrage et par sa nature même ne doit pas être révoqué sans motifs graves (1). Ici la nature du mandat est différente et la loi ayant établi une règle d'ordre public, on doit écarter tout ce qui en gênerait l'application.

La question, qui ne ferait pas de difficulté pour des administrateurs ordinaires, s'est posée à l'occasion des administrateurs délégués à la direction ou désignés par les statuts. La jurisprudence est fixée dans le sens que nous avons indiqué. Avant même la loi de 1867, la Cour de Paris avait jugé que la désignation des statuts n'enlevait pas aux actionnaires le libre droit de révocation (2). La Cour de cassation, cassant un arrêt de la Cour de Toulouse qui avait accordé 40.000 fr. de dommages-intérêts à un directeur général choisi parmi les administrateurs et révoqué en dehors des cas prévus par les statuts, a déclaré « qu'aux termes de l'article 22 de la loi du 24 juillet 1867, les sociétés anonymes sont administrées par des mandataires révocables; — que l'article 41 de la loi précitée, en attachant la peine de nullité à l'inobservation de cette disposition, lui a imprimé le caractère d'une règle d'ordre public à laquelle il n'est pas permis de déroger, notamment par des clauses qui, en enlevant à la société le droit de révoquer ses mandataires, confèreraient aux tribu-

(1) Aubry et Rau, *Droit civil* (4e édition), t. IV, p, 653. — Cass. 10 juillet 1865, S. 1865. 1. 350.

(2) Paris, 8 juillet 1867, et Cass. 28 juillet 1868, D. 1868. 1. 441. — Voyez aussi Douai, 14 décembre 1858. S. 1859. 2. 678.

naux le pouvoir de contrôler les causes de la révocation et d'allouer des dommages-intérêts au mandataire révoqué (1). »

Les mêmes principes ont été appliqués dans une espèce aussi peu favorable que possible. La Cour d'Aix avait condamné la Société du Comptoir d'escompte de Nice à 35.000 fr. de dommages-intérêts envers son directeur-administrateur révoqué sans juste cause, alors qu'on lui avait promis, en constituant la société, de le laisser au moins six ans en fonctions. La Cour, tout en reconnaissant que cette promesse n'était pas valable, condamnait à des dommages-intérêts ceux qui l'avaient violée (2). En effet, le demandeur avait quitté une situation avantageuse pour venir occuper la place qu'on lui retirait, et de plus il avait évalué au-dessous de sa valeur réelle un apport fait à la société dont il comptait garder longtemps la direction. On lui causait évidemment un grave préjudice. Cependant la Cour de cassation a jugé que la société ne lui devait pas de dommages-intérêts, n'ayant fait qu'user d'un droit absolu en révoquant son administrateur (3).

DE LA DIRECTION.

9. — Les administrateurs ne peuvent pas toujours

(1) Cass. 30 avril 1878, S. 1878. 1. 313, et Agen, 7 janvier 1879, D. 1879. 2. 247.

(2) Aix, 7 janvier 1879, D. 1881. 1. 162.

(3) Cass. 10 janvier 1881, D. 1881. 1. 162.

s'occuper des détails de l'administration. Le plus souvent leurs affaires particulières ne leur en laissent pas le temps et dans tous les cas il y a un travail matériel qu'on ne peut exiger d'eux. Leur rôle se borne à donner l'impulsion, à prendre les décisions les plus importantes et à en surveiller l'exécution.

Au-dessous d'eux est ordinairement placé un directeur auquel ils délèguent une partie de leurs pouvoirs et qui a une compétence spéciale. C'est le premier employé de la société et son représentant permanent. Il est obligé à une assuidité constante et payé en conséquence.

Il dirige les bureaux et l'exploitation, commande aux autres employés, sert d'intermédiaire entre eux et le conseil d'administration. C'est avec lui que les tiers traitent les affaires courantes.

Il est habituellement nommé par les administrateurs et placé sous leur autorité. Le contrat qui le lie à la société n'est pas un mandat, mais un louage de services. Il en résulte que s'il est révoqué sans cause légitime, avant l'expiration du temps convenu, il a droit à des dommages-intérêts (1). Ni lui, ni les admintstrateurs n'ont la qualité de commerçants, car ils ne font pas des affaires pour leur compte mais pour le compte de la société (2).

10. — La loi autorise les administrateurs à choi-

---

(1) Cass. 8 février 1859, D. 1859. 1. 57; — Vavasseur, *Traité des Sociétés* (2e édition), n. 797.

(2) Lyon-Caen et Renault, p. 73, note 5.

sir le directeur parmi eux : « Ils peuvent, dit l'article « 22-2°, choisir parmi eux un directeur, ou, si les sta- « tuts le permettent se substituer un mandataire « étranger à la société et dont ils sont responsables « envers elle. »

Le directeur qui est pris dans le conseil d'administration porte le nom d'administrateur délégué : il jouit d'une autorité particulière. « Il voit, dit M. Mathieu, les pouvoirs qu'il tient de sa qualité, s'augmenter de tous ceux dont ses collègues se dessaisissent en sa faveur ; comme lorsque, par exemple, ils le chargent de les représenter dans l'intervalle de leurs réunions hebdomadaires ou mensuelles, ou qu'ils lui délèguent toute la partie technique de l'entreprise, lui confient la signature relative à cette partie pour les marchés de fournitures, les concessions de travaux, le choix des agents, etc., et qu'ils se réservent seulement d'en délibérer avec lui (1). »

11. — L'article 22 parle aussi d'un mandataire étranger que peuvent se substituer les administrateurs. Il est assez difficile de savoir ce qu'il faut entendre par là.

Le mandataire substitué serait, selon M. Mathieu, « un tiers que les administrateurs s'adjoignent, qui devient par cela même membre du conseil d'administration et sur lequel ils se déchargent d'une plus ou moins grande partie de leurs attributions, par

---

(1) Mathieu et Bourguignat, p. 149.

exemple de la direction dans l'intervalle des réunions, ou de l'administration et de la signature pour la partie technique de l'entreprise (1). » En d'autres termes ce serait un administrateur adjoint, chargé de la direction.

D'après une autre interprétation, plus conforme au sens ordinaire des mots, et qui paraît avoir prévalu devant le Corps législatif, le mandataire substitué serait un remplaçant des administrateurs; il prendrait leur place (2). La loi a prévu le cas où le conseil d'administration rencontrant un tiers plus capable que lui de gérer les affaires sociales se démettrait en sa faveur.

Mais il est assez singulier de supposer que les administrateurs, qui ont reçu leur mandat pour l'exercer personnellement (3), le passent à d'autres personnes (4). Aussi la loi exige-t-elle que la substitution soit prévue et autorisée par les statuts. De plus elle décide que les administrateurs répondront en toute hypothèse du mandataire qu'ils se seront substitué (5). Tandis que, d'après le droit commun,

(1) Mathieu et Bourguignat, p. 149.

(2) Pont, nº 1618. — Tripier, t. II, p. 148 et 151 (discours de M. Baroche et de M. Vuitry).

(3) Sans doute, comme le dit M. Pont (nº 1616), un mandataire peut en général se faire remplacer. Mais ici, ce serait contraire à tous les usages. Le mandat a été donné *intuitu pessonæ*.

(4) M. de Courcy, *Sociétés anonymes*, p. 36 et sq.

(5) Peu importe que ce soit un actionnaire ou un tiers. La loi en parlant d'un mandataire étranger a voulu dire qu'il pourrait être pris même en dehors de la société (Pont, nº 1619).

ils ne devraient en répondre que s'ils avaient fait choix d'une personne notoirement incapable ou insolvable (art. 1994, Code civ.).

En fait, les statuts accordent bien rarement aux administrateurs la faculté de se substituer un mandataire et cette partie de l'article 22 n'a guère d'application dans la pratique.

12. — On a souvent confondu, même dans la discussion au Corps législatif, le mandataire substitué avec le directeur de la société. Le directeur est en effet chargé d'une grande partie de l'administration qu'il est d'usage de laisser entre ses mains (1). Mais il reste soumis à l'autorité des administrateurs. Ceux-ci ne répondent pas en principe de ses fautes (2).

Il srépondent seulement de la faute qu'eux-mêmes auraient commise, en manquant de surveillance, en faisant un choix notoirement mauvais (art. 1994), en autorisant des actes qu'ils ne doivent pas permettre, ou même en donnant trop de pouvoirs au directeur. Si l'usage les autorise à déléguer une partie de leurs

(1) M. Baroche, cherchant à distinguer le directeur du mandataire substitué, citait le directeur d'une Compagnie de chemins de fer et disait : « Il n'est pas membre du Conseil d'administration ; sans doute, il a la signature que doit avoir le gérant, le directeur d'une exploitation ; c'est lui qui signe les ordres donnés à tous les agents. C'est lui qui signe les règlements élaborés sous l'autorité du Conseil ; mais enfin il n'est pas administrateur de la société : il est agent de la société. » (Tripier, t. II, p. 151).

(2) Paris, 30 juillet 1867, D. 1867. 2. 238.

fonctions, cette délégation ne doit pas être trop étendue et se rapprocher de la substitution prévue par l'art. 22 (1).

Les statuts prévoient et réglementent souvent la nomination et les attributions du directeur. Ils décident quelquefois que la nomination sera faite, non par les administrateurs, mais par l'assemblée des actionnaires. Ce n'est plus alors un simple employé mais un mandataire de la société. Il occupe une situation égale à celle des administrateurs qui ont moins d'autorité et aussi moins de responsabilité.

Ainsi une demande en responsabilité a été repoussée par ces motifs, « que la société avait à sa tête un conseil d'administration et un directeur-gérant ; que le directeur-gérant était nommé par l'assemblée générale et ne pouvait être révoqué que par elle ; que toute la gestion lui était dévolue sous l'autorité et la surveillance du conseil d'administration ; — que cette organisation de la société, tout en laissant dans les mains du conseil d'administration l'autorité supérieure et la direction d'ensemble des affaires sociales, constituait cependant un pouvoir particulier de gestion qui était une délégation directe de l'assemblée ; que toute la gestion ainsi attribuée par les statuts à un directeur-gérant du choix des actionnaires, devait rendre plus difficiles au conseil d'administration la connaissance de la suite des opérations, et l'exercice

(1) Vavasseur, nos 804 et 805.

utile de sa surveillance et de son autorité; qu'il y avait là une certaine restriction à son pouvoir de libre administration et que cette circonstance devait être équitablement prise en considération pour déterminer la mesure de sa responsabilité (1). »

Mais dans cette hypothèse même, le conseil d'administration conserve des attributions assez étendues Bien que la gestion des affaires sociales soit plus particulièrement confiée à un directeur nommé par les actionnaires, le mandat des administrateurs ne se borne pas à un simple contrôle et leur responsabilité ne doit pas être restreinte comme celle de membres du conseil de surveillance, ils conservent le pouvoir de faire acte de gestion, sauf le concours du directeur (2).

13. *Législations étrangères.* — L'administration des sociétés est organisée, dans les législations étrangères, à peu près comme dans la nôtre. Voici, par exemple, les dispositions de la loi belge du 18 mai 1873.

Art. 43. « Les sociétés anonymes sont administrées par des mandataires à temps, révocables, salariés ou gratuits. »

Art. 45. « Les administrateurs doivent être au nombre de trois au moins. Ils sont nommés par l'assemblée générale des actionnaires; ils peuvent cependant, pour la première fois, être nommés par

(1) Paris, 10 juillet 1866 et Cass. 11 juillet 1870, D. 1871. 1. 137.

(2) Colmar, 3 juillet 1867, S. 1869. 1. 207.

l'acte de constitution de la société. Le terme de leur mandat ne peut excéder six ans; ils sont toujours révocables par l'assemblée générale. En cas de vacance d'une place d'administrateur, et sauf disposition contraire dans les statuts, les administrateurs et les commissaires réunis ont le droit d'y pourvoir provisoirement. Dans ce cas, l'assemblée générale, lors de sa première réunion, procède à l'élection définitive. »

Art. 46. « Sauf disposition contraire dans l'acte de société, les administrateurs sont rééligibles; en cas de vacance avant l'expiration du terme d'un mandat, l'administrateur nommé achève le terme de celui qu'il remplace. »

Art. 47. « Chaque administrateur doit affecter, par privilège, un certain nombre d'actions à la garantie de sa gestion. Mention de cette affectation est faite par le propriétaire des actions sur le registre d'actionnaires pour les actions nominatives. Les actions au porteur sont déposées dans la caisse de la société ou d'un tiers désigné par les statuts ou par l'assemblée générale. »

Art. 48. « Chaque administrateur nommé par les statuts doit déposer un nombre d'actions représentant la cinquantième partie du capital social, sans que cette part doive s'élever au delà de cinquante mille francs, valeur nominale des actions. — Les statuts fixent le nombre d'actions à déposer par les administrateurs nommés par l'assemblée générale.

Si les actions n'appartiennent pas à l'administrateur dont elles garantissent la gestion, le nom du propriétaire doit être indiqué lors du dépôt; il en est donné connaissance à la première assemblée générale. »

La loi belge n'établit pas sur les actions de garantie cette solidarité réelle que nous avons trouvée dans notre loi.

Le Code de commerce italien renferme des dispositions analogues. Les administrateurs peuvent ne pas être associés (art. 121); ils sont nommés par l'assemblée générale ou par les statuts, pour quatre ans au plus (art. 124). Ils doivent donner un cautionnement représentant la cinquantième partie du capital social. L'acte constitutif peut dire que ce cautionnement n'excédera pas la somme de cinquante mille francs (art. 123).

Le Code suisse des obligations décide que l'administration de la société ne peut être confiée qu'à des actionnaires. Si l'on y appelle des personnes qui ne soient point actionnaires, elles ne peuvent entrer en fonctions qu'après avoir acquis cette qualité en se procurant des actions (art. 649-1°). Les statuts peuvent prescrire à l'administration de confier la direction des affaires sociales ou de certaines de ces affaires, soit à un ou plusieurs de ses propres membres, soit à une ou plusieurs autres personnes, même étrangères à la société. Les commissaires, directeurs et fondés de pouvoirs désignés par l'administration peuvent être révoqués par elle en tout temps, sauf indemnité s'il y a lieu (art. 650).

D'après le Code de commerce allemand chaque société doit avoir un ou plusieurs administrateurs (*der Vorstand*) qui peuvent n'être pas associés. Ils sont toujours révocables, mais ont droit à une indemnité lorsqu'elle leur a été promise (art. 227). Les noms de ces administrateurs doivent être inscrits, aussitôt après leur nomination, au registre du commerce. Leur signature est jointe à l'inscription (article 228). Ils ne sont obligés par la loi à aucun dépôt de garantie. Ils peuvent être salariés ou non; les statuts déterminent de quelle manière ils sont payés, soit par des appointements fixes, soit en jetons de présence, soit par un prélèvement sur les bénéfices.

La pratique leur impose des fonctions plus actives que ne le sont celles des administrateurs français. Aussi beaucoup de statuts décident qu'au lieu d'être nommés par l'assemblée générale, ils le seront par le conseil de surveillance qu'on suppose plus capable de choisir des hommes compétents. Cette clause qui ne serait pas valable en France, est admise par la loi allemande.

Pour la même raison les administrateurs peuvent être nommés pour un temps indéterminé, même pour toute la durée de la société ou à vie (1).

(1) Renaud, *Das Recht der Actiengesellschaften*, p. 534. — Le *Vorstand* réunit les fonctions qui se partagent chez nous entre les administrateurs et le directeur. C'est plus que notre Conseil d'administration, mais c'est à lui qu'on le compare ordinairement.

CHAPITRE II.

OBLIGATIONS DES ADMINISTRATEURS.

14. — Les administrateurs ont deux obligations principales : ils doivent gérer et rendre compte de leur gestion. Ils gèrent soit par eux-mêmes, soit par les employés qu'ils choisissent. S'ils n'entrent pas toujours dans le détail des affaires sociales, ils restent cependant chargés d'un devoir général de direction et de surveillance.

Ils rendent compte de leur gestion aux actionnaires réunis en assemblée générale. Les actionnaires sont les véritables maîtres de la société, il importe qu'ils en connaissent la situation et puissent juger les actes de leurs mandataires. La loi a organisé leur droit de contrôle, elle a aussi imposé à la gestion des administrateurs des règles que nous aurons à étudier.

15. — Avant même de gérer, les administrateurs nommés lors de la constitution de la société doivent s'assurer que cette constitution a été régulière. Ils engageraient gravement leur responsabilité s'ils acceptaient la direction d'une société nulle; nous verrons même que la jurisprudence leur ferait supporter les conséquences, parfois très onéreuses, de la nullité. Leur premier soin sera donc de vérifier l'accomplissement des conditions imposées par la loi aux fondateurs des sociétés anonymes. — Ces conditions sont les suivantes : Il faut que les associés soient au nombre de sept (art. 23 de la loi de 1867; que les actions soient au moins de 100 fr. lorsque le capital n'excède pas 200.000 fr., et de 500 fr. lorsqu'il est supérieur (art. 1-1°); que le capital social ait été intégralement souscrit et que chaque actionnaire ait versé le quart au moins des actions par lui souscrites (art. 1-2° et 24-1°). — Ce versement doit être fait en numéraire. — Il faut en outre que les fondateurs constatent dans un acte notarié la souscription et le versement du quart. Ils doivent y joindre : 1° la liste des souscripteurs et l'état des versements; 2° un exemplaire de l'acte de société, s'il est sous-seing privé, ou une expédition s'il est notarié. L'acte de société sous seing-privé doit être dressé au moins en quatre originaux (1). Toutes ces pièces doivent être présentées à une assemblée générale chargée de les vérifier (art. 24 et 25), la même qui nomme les administrateurs. Nous avons dit comment elle est composée. Enfin s'il y a des apports en nature et des avantages particuliers, il faut qu'ils aient été approuvés par deux assemblées générales convoquées conformément aux articles 4, 27 et 30 de la loi de 1867.

Les premiers administrateurs doivent s'assurer que toutes ces conditions ont été observées (2); ceux

(1) Lyon-Caen et Renault, n° 463.

(2) Art. 139 du Code de commerce italien : « Les administrateurs

qui sont nommés dans la suite ne sont pas obligés à la même vérification. Il suffit que la société leur paraisse avoir une situation régulière. Mais on décide généralement (1) que les augmentations du capital social sont soumises aux mêmes règles que la constitution même de la société. Les administrateurs en fonctions au moment des augmentations devront donc se conformer exactement à ces règles. Dans ce cas, ils agiront eux-mêmes, tandis que, pour la fondation de la société, les administrateurs n'ont qu'une vérification à faire; ce sont les fondateurs qui agissent.

16. — Les premiers administrateurs sont encore tenus de donner à la constitution de la société la publicité prescrite par le titre IV de la loi de 1867. Ils doivent, dans le délai d'un mois, déposer un double de l'acte constitutif, s'il est sous-seing privé, ou une expédition, s'il est notarié, aux greffes de la justice de paix et du tribunal de commerce du lieu où est établie la société (art. 55, al. 1). Ils y joindront : 1° une expédition de l'acte notarié constatant la souscription du capital social et le versement du quart; 2° une copie certifiée des délibérations prises par l'assemblée générale dans les cas prévus par les articles 4 et 24 ; 3° la liste nominative dûment certifiée

doivent demander et les fondateurs doivent leur remettre tous les documents et la correspondance relative à la fondation de la société. »

(1) Lyon-Caen et Renault, n° 418.

des souscripteurs, contenant les nom, prénoms, qualités, demeure et le nombre d'actions de chacun d'eux (art. 55 al. 2 et 3).

D'après l'article 56 : « Dans le même délai d'un « mois, un extrait de l'acte constitutif et des pièces « est publié dans l'un des journaux désignés pour « recevoir les annonces légales. — Il sera justifié de « l'insertion par un exemplaire du journal certifié « par l'imprimeur, légalisé par le maire et enregis- « tré dans les trois mois de sa date. — Les forma- « lités prescrites par l'article précédent et par le pré- « sent article seront observées, à peine de nullité, à « l'égard des intéressés; mais le défaut d'aucune « d'elles ne pourra être opposé aux tiers par les as- « sociés. »

Les administrateurs seraient responsables de la nullité; nous verrons plus tard dans quelle mesure. Une publication tardive produirait son effet seulement pour l'avenir. La société serait réputée n'avoir commencé que du jour où elle aurait été publiée (1).

Les articles 57 et 58 énumèrent les indications que doit contenir l'extrait publié par un journal :

Art. 57. « L'extrait doit contenir les noms des as- « sociés autres que les actionnaires ou commandi- « taires; la raison de commerce ou la dénomination « acceptée par la société et l'indication du siège so- « cial ; la désignation des associés autorisés à gérer,

(1) Lyon-Caen et Renault, n° 316. — Pont, n°s 1228 et 1230. — Cass. 20 décembre 1882, S. 1883. 1. 198.

« administrer et signer pour la société; le montant « du capital social et le montant des valeurs fournies et à fournir par les actionnaires ou commanditaires; l'époque où la société commence, celle où « elle doit finir, et la date du dépôt fait aux greffes de « la justice de paix et du tribunal de commerce. » L'extrait doit en outre, d'après l'article 58, énoncer que la société est anonyme; il doit indiquer le montant du capital social en numéraire et en autres objets, et la quotité à prélever sur les bénéfices pour composer le fonds de réserve.

Si une de ces mentions était omise dans les publications, la société ne serait pas nulle, mais la clause qui n'aurait pas été publiée ne pourrait être opposée aux personnes intéressées (1). Ici encore les administrateurs seraient responsables et tenus personnellement de réparer le dommage causé par cette omission soit aux actionnaires, soit aux tiers.

Les art. 59 et 60 règlent le mode et la forme du dépôt obligatoire :

Art. 59. « Si la société a plusieurs maisons de « commerce situées dans divers arrondissements, le « dépôt prescrit par l'article 55 et la publication « prescrite par l'article 56, ont lieu dans chacun des « arrondissements où existent les maisons de commerce.

(1) Lyon-Caen et Renault, n° 306. — D'après M. Pont (n° 1225), l'omission entraînerait la nullité de la société elle-même.

« Dans les villes divisées en plusieurs arrondisse-
« sements, le dépôt sera fait seulement au greffe de « la justice de paix du principal établissement. »

Art. 80. « L'extrait des actes et pièces déposés est « signé, pour les actes publics, par le notaire, et pour « les actes sous seing-privé, par les associés en nom « collectif, par les gérants des sociétés en comman- « dite ou par les administrateurs des sociétés ano- « nymes. »

L'article 61 étend aux changements que peut subir la société pendant son existence les conditions de publicité prescrites pour sa constitution :

« Sont soumis aux formalités et aux pénalités « prescrites par les articles 55 et 56 : tous actes et « délibérations ayant pour objet la modification des « statuts, la continuation de la société au delà du « terme fixé pour sa durée, la dissolution avant ce « terme et le mode de liquidation, tout changement « ou retraite d'associés et tout changement à la « raison sociale. — Sont également soumises aux dis- « positions des articles 55 et 56 les délibérations « prises dans les cas prévus par les articles 19, 37, « 46, 47 et 49 ci-dessus. »

Les articles 19 et 49 de la loi de 1867 ne concernent pas les sociétés anonymes.

L'article 37 prévoit le cas où l'assemblée des actionnaires est convoquée par les administrateurs, après la perte des trois quarts du capital social, pour délibérer sur la continuation ou la dissolution de la société. La résolution de cette assemblée doit être rendue publique. Les articles 46 et 47 autorisent les anciennes sociétés anonymes et les sociétés à responsabilité limitée à se transformer sous certaines conditions en sociétés anonymes libres.

Il est évident que, dans les sociétés anonymes, on ne doit pas publier tous les changements d'associés. Les tiers n'ont pas d'intérêt à les connaître, et souvent la société elle-même ne les connaît pas. On publiera seulement les changements survenus dans le conseil d'administration qui est dépositaire de la signature sociale (arg. de l'art. 62) (1).

17.—Outre la publicité qui a lieu au début et lors des transformations de la société anonyme, la loi a organisé, dans les articles 63 et 64, une publicité permanente dont les administrateurs sont chargés.

« Lorsqu'il s'agit d'une société en commandite « par actions, ou d'une société anonyme, toute per« sonne a le droit de prendre communication des « pièces déposées aux greffes de la justice de paix et « du tribunal de commerce, ou même de s'en faire « délivrer à ses frais expédition ou extrait par le « greffier ou par le notaire détenteur de la minute. « Toute personne peut également exiger qu'il lui soit « délivré au siège social une copie certifiée des sta-

(1) Pont, n° 1217. — Le Code de commerce allemand ordonne aux administrateurs, à quelque époque qu'ils soient nommés, de faire inscrire au registre du commerce leurs noms et leurs signatures (art. 228).

« tuts, moyennant paiement d'une somme qui ne « pourra excéder un franc. Enfin les pièces déposées « doivent être affichées d'une manière apparente « dans les bureaux de la société. »

Art. 64. « Dans tous les actes, factures, annonces, « publications et autres documents imprimés ou au« tographiés, émanés des sociétés anonymes ou des « sociétés en commandite par actions, la dénomina« tion sociale doit toujours être précédée ou suivie « immédiatement de ces mots, écrits lisiblement en « toutes lettres : *Société anonyme* ou *Société en com« mandite par actions*, et de l'énonciation du mon« tant du capital social. — Toute contravention aux « dispositions qui précèdent est punie d'une amende « de cinquante à mille francs. »

Outre l'amende prononcée par l'art. 64, l'omission d'une de ces formalités donnerait lieu à la responsabilité de droit commun et obligerait les administrateurs en faute à réparer le préjudice causé à des tiers. — Le capital qui doit être indiqué sur les actes de la société est le capital originaire ; il n'est pas nécessaire d'annoncer les pertes qu'il aurait subies (1). Cette indication peut tromper les tiers en leur pro-

---

(1) Pont, n° 1181. — « On n'aurait pu, dit M. de Courcy (p. 233), obliger les sociétés à publier le capital effectif de garantie, résultant du dernier inventaire. Ceci dépasserait le but et pourrait devenir singulièrement vexatoire. Les sociétés qui croiraient avoir intérêt à dissimuler leurs pertes pour soutenir leur crédit n'en seraient que plus sollicitées à dresser des inventaires complaisants.

mettant des garanties qui n'existent pas. Ils feront bien de consulter les bilans et les comptes rendus sociaux.

18. — Les fonctions des administrateurs, en ce qui concerne leur gestion, sont déterminées par la loi, par les statuts et par la nature même des affaires dont ils sont chargés. Ils sont à la tête d'une entreprise commerciale qu'ils doivent diriger de leur mieux. Nous avons dit qu'ordinairement ils abandonnent à un directeur le soin des affaires courantes. Ils traitent seulement les affaires les plus importantes et exercent pour le reste une surveillance qui doit être active et constante. La loi ne dit pas combien de fois ils doivent se réunir, ni à quels moments; ce sont les statuts ou eux-mêmes qui en conviennent. Les séances doivent être aussi fréquentes que l'exigent les intérêts de la société.

Si les administrateurs sont assez nombreux, ils peuvent se partager le travail, soit en assignant à quelques-uns d'entre eux des attributions déterminées, soit en s'en chargeant à tour de rôle, de façon qu'il y ait toujours un administrateur de service dans les bureaux. Dans le silence des statuts, ils sont maîtres de leur règlement.

L'assiduité ne leur est pas rigoureusement imposée, mais des absences fréquentes pourraient leur être reprochées. La négligence est une faute dont ils sont responsables, loin d'être un prétexte pour dégager leur responsabilité des mesures prises en leur absence par le conseil d'administration (1).

Ils n'ont pas le droit de se faire représenter par des tiers aux délibérations du conseil. Leur mandat leur a été confié *intuitu personæ*. C'est par exception que la loi (art. 22) autorise le conseil tout entier à mettre un étranger à sa place.

Le conseil délibère à la majorité des voix. La majorité se calcule sur le nombre des membres présents, quel qu'il soit, car il est de principe en matière de société que les associés absents ont donné aux associés présents pouvoir de les représenter (2). Cependant les statuts exigent quelquefois qu'un certain nombre d'administrateurs au moins assistent à la délibération.

19. — La société, comme tout commerçant, doit tenir ses livres (art. 8, C. com.). On sait que les livres obligatoires sont au nombre de trois : le livre-journal, le livre des copies de lettres et le livre des inventaires. — Les administrateurs doivent dresser chaque année (art. 34 de la loi de 1867) un inventaire contenant l'indication des valeurs mobilières et immobilières et des dettes de la société. Ils doivent en outre dresser chaque semestre un état sommaire de sa situation active et passive.

Ces documents sont soumis aux commissaires nommés par les actionnaires pour contrôler l'admi-

(1) Paris, 1er août 1868, D. 1869. 2. 25.

(2) Vavasseur, n° 815.

nistration de la société. L'inventaire, le bilan et le compte des profits et pertes sont mis à leur disposition le quarantième jour au plus tard avant l'assemblée générale (art. 34, al. 3); les états semestriels, à mesure qu'ils sont dressés (art. 34, al. 2).

De plus, d'après l'article 33 : « Pendant le trimestre « qui précède l'époque fixée par les statuts pour les « réunions de l'assemblée générale, les commissaires « ont droit, toutes les fois qu'ils le jugent convenable « dans l'intérêt social, de prendre communication « des livres et d'examiner les opérations de la so-« ciété. »

Les commissaires font à l'assemblée générale un rapport sur le bilan et les comptes présentés par les administrateurs. La délibération contenant approbation des comptes est nulle si elle n'a pas été précédée de ce rapport (art, 32, al. 1 et 2).

Ces commissaires de surveillance ou censeurs sont, comme les administrateurs, les mandataires des actionnaires, mais leur rôle est beaucoup plus restreint. Ils ne sont pas mêlés à la direction de la société, ils n'ont qu'un droit de contrôle dont la sanction ne leur appartient pas. Ils n'ont pas d'autorité sur les administrateurs et doivent se borner, si ceux-ci ont commis quelques irrégularités, à en informer l'assemblée générale qui prend les mesures nécessaires.

De plus, les commissaires ne peuvent exercer leur contrôle que pendant trois mois, tandis que le conseil de surveillance des sociétés en commandite par actions peut toujours vérifier la comptabilité du gérant (art. 10, loi de 1867). Le législateur a voulu éviter des conflits entre les administrateurs et les commissaires. « Il est à craindre, disait le rapport de M. Mathieu (1), que leur action ne dégénère en une inquisition véritable, plus fâcheuse qu'utile à la société. Il ne serait pas difficile en effet de signaler dans la pratique une surveillance qui, par sa continuité et sa pénétration dans les détails les plus minutieux, a constitué une immixtion véritable dans l'administration qui, si elle a besoin d'être contrôlée, doit aussi être libre dans ses mouvements. Un rapport éclairé par un examen de trois mois des livres et opérations de la société suffit évidemment pour préparer et mûrir les délibérations de l'assemblée générale. »

Il eût mieux valu laisser aux commissaires leur liberté d'action, en définissant exactement leurs attributions. Le défaut de surveillance a fait plus de mal dans la pratique que le défaut d'entente. D'ailleurs la loi (art. 33, al. 2) permet aux commissaires de convoquer en tout temps l'assemblée générale. A quoi leur servira ce droit s'ils n'ont pas celui de se renseigner sur la situation sociale? Les statuts peuvent remédier à cette inconséquence et donner plus d'étendue au contrôle.

---

(1) Tripier, t. I, p. 174.

20. — Une fois par an, au moins, les administrateurs rendent compte de leur gestion à l'assemblée générale des actionnaires (art. 27). Cette assemblée est le pouvoir souverain de la société. Les administrateurs sont soumis à son autorité; c'est elle qui les nomme et qui les révoque. Elle peut approuver ou rejeter les comptes qu'ils présentent, et prendre toutes les mesures qu'elle juge convenables, pourvu qu'elles ne soient pas contraires aux statuts. Ses décisions sont obligatoires pour tous les associés.

Les délibérations de l'assemblée générale sont préparées d'abord par l'enquête des commissaires, ensuite par des communications faites aux actionnaires. D'après l'art. 35 : « Quinze jours au moins « avant la réunion de l'assemblée générale, tout ac- « tionnaire peut prendre, au siège social, communi- « cation de l'inventaire et de la liste des actionnaires, « et se faire délivrer copie du bilan résumant l'in- « ventaire et du rapport des commissaires. » Tout actionnaire a droit à cette communication, non pas seulement ceux qui d'après les statuts sont appelés à l'assemblée. Mais elle ne comprend pas le rapport des administrateurs (1). A plus forte raison, les actionnaires ne pourraient demander à examiner les livres et les écritures de la société. Un arrêt de cassation (2) qu'on cite en sens contraire ne s'applique

---

(1) Pont, nos 1672, 73, 74. — D. 1867. 4. 113, note 4.

(2) Cass. 3 décembre 1872, D. 1873. 1. 191.

qu'à des circonstances exceptionnelles dont l'appréciation est abandonnée aux tribunaux. « Le législateur a voulu restreindre autant que possible (1) l'ingérence des actionnaires dans l'administration et éviter des indiscrétions qui pourraient nuire à la société. Ils pourront seulement interroger les administrateurs à l'assemblée et nommer à la majorité une commission qui vérifiera les comptes (2). L'assemblée générale a le droit de contrôle dans toute son étendue ; mais les actionnaires agissant isolément ne l'ont pas.

21. — La loi ne règle pas les formes et délais à observer pour la convocation des assemblées générales. L'article 30 prescrit seulement, pour un cas spécial, la publication de deux avis à insérer, à huit jours d'intervalle et un mois d'avance, dans l'un des journaux d'annonces légales ; on peut appliquer par analogie ces formalités. Dans tous les cas les actionnaires devront être convoqués plus de quinze jours à l'avance afin de profiter du droit que leur donne l'article 35. Il est utile que les statuts règlent ces points et disent aussi à quelle époque se réunira l'assemblée. La convocation peut être ordonnée par référé, lorsque les administrateurs refusent de la faire à l'époque fixée par les statuts (3), ou après l'année expirée.

(1) Tripier, nos 3100-3162.

(2) Tribunal civil de la Seine (référé), 25 juin 1880. — *Journal des Sociétés*, 1880, p. 596.

(3) *Journal des Sociétés*, 1881, p. 204.

Les statuts règlent la composition de l'assemblée. Ils décident ordinairement qu'il faut avoir un certain nombre d'actions pour y prendre part et que chaque actionnaire a un nombre de voix proportionnel au nombre de ses actions, jusqu'à concurrence d'un certain chiffre (art. 27). Mais s'ils n'ont rien dit, tout actionnaire a le droit de voter et chacun ne dispose que d'une voix (1). La loi exige que le quart au moins du capital social soit représenté dans les assemblées extraordinaires appelées à délibérer sur la modification des statuts (art. 29 et 30). Si cette condition n'est pas remplie, les administrateurs doivent procéder à une nouvelle convocation.

Lorsque l'assemblée est réunie, elle nomme son bureau qui est le plus souvent composé du conseil d'administration et des plus forts actionnaires présents choisis comme scrutateurs. Elle entend le rapport des commissaires (art. 32, al. 2) et celui des administrateurs qui lui rendent compte de leur gestion pendant l'exercice précédent.

Les administrateurs lui demandent l'approbation de leurs comptes et les autorisations dont ils ont besoin. Ils répondent aux questions qui leur sont adressées par les actionnaires. Ils font procéder au remplacement des administrateurs sortants et à la nomination des commissaires chargés de faire un rapport pour l'année suivante (art. 32).

---

(1) Lyon-Caen et Renault, p. 261.

D'après l'art. 28, « dans toutes les assemblées « générales, les délibérations sont prises à la majo- « rité des voix. Il est tenu une feuille de présence; « elle contient les noms et domicile des actionnaires « et le nombre d'actions dont chacun d'eux est por- « teur. Cette feuille, certifiée par le bureau de l'as- « semblée, est déposée au siège social et doit être « communiquée à tout requérant. »

Il doit être tenu aussi procès-verbal des délibérations prises par l'assemblée. Il faut que ce procès-verbal soit signé au moins par le président et le secrétaire du bureau; mais les délibérations ne seraient pas nulles par cela seul qu'il n'aurait pas été signé (1).

On s'est demandé si les administrateurs peuvent voter pour l'approbation de leurs comptes (2). Aucun texte ne leur retire ce droit que leur donne leur qualité d'actionnaires.

22.—Lorsque l'inventaire constate des bénéfices, les administrateurs proposent aux actionnaires d'en distribuer une partie à titre de dividendes.

Les commissaires de surveillance donnent leur avis

---

(1) Cassation 20 décembre 1882. *Revue des Sociétés*, 1883, p. 509. — Cassation 28 janvier 1878, S. 1878. 1. 450. — *Contra*, Lyon, 26 novembre 1863, D. 1864. 2. 233.

(2) D'après le Code suisse des obligations (art. 655-2°), « Ceux qui, à un titre quelconque, prennent part à la gestion, n'ont pas voix délibérative lorsqu'il s'agit de donner décharge à l'administration pour la gestion et la reddition des comptes. »

sur cette distribution qui est votée par l'assemblée générale (art. 10).

La distribution de dividendes fictifs, c'est-à-dire de bénéfices non réellement acquis, est une des fraudes les plus fréquentes dans les sociétés anonymes.

Les actions de ces sociétés se capitalisant en général d'après les revenus qu'on en peut tirer, leurs détenteurs ont souvent intérêt à exagérer les dividendes, pour les vendre avec profit. Ils causent ainsi un préjudice au public qui les achète et aux créanciers sociaux dont le gage est diminué, car les dividendes fictifs sont pris sur le capital.

Les administrateurs engageraient gravement leur responsabilité en provoquant ou en tolérant de semblables fraudes. Nous verrons plus loin qu'en cas de mauvaise foi ils pourraient être punis de peines correctionnelles. Leur simple négligence, d'après l'art. 44, les rendrait civilement responsables. Ils doivent s'opposer à toute distribution de dividendes qui ne leur paraît pas justifiée par des bénéfices acquis.

Rigoureusement, les bénéfices d'une société ne sont connus qu'après sa dissolution. A cette époque seulement, on sait si l'actif social, déduction faite du passif, présente un excédant sur le capital engagé. Mais il est impossible d'attendre jusque-là pour donner aux actionnaires l'intérêt de leur argent ; ils ne peuvent laisser leur fortune improductive pendant aussi longtemps. Aussi une pratique constante a-t-elle admis que les bénéfices doivent être appréciés chaque année d'après les résultats de l'inventaire. Les dividendes distribués sur ces bénéfices sont définitivement acquis aux actionnaires, quels que soient les événements ultérieurs, et par exemple les pertes que subirait la société. L'article 10 de la loi de 1867 a confirmé cette pratique en décidant qu'aucune répétition de dividendes ne peut être exercée contre les actionnaires, si ce n'est dans le cas où la distribution en aurait été faite en l'absence de tout inventaire ou en dehors des résultats constatés par l'inventaire.

On a même soutenu que les bénéfices obtenus pendant une année, après la perte d'une partie du capital social dans les années précédentes, peuvent être distribués à titre de dividendes au lieu d'être employés à la reconstitution du capital. Chaque exercice devant être considéré comme indépendant de celui qui l'a précédé, la perte se trouverait liquidée à la fin de l'année où elle a été subie (1). Une telle dérogation aux principes n'est pas nécessaire, elle serait nuisible aux tiers et à la société elle-même. Nous ne croyons pas devoir l'admettre en dehors du cas où les statuts l'auraient permise.

Les statuts peuvent aussi contenir une clause qui

---

(1) Vavasseur, n°s 646 et sq. — Lyon-Caen et Renault, p. 241. — Cf. le Code de commerce allemand, art. 217, et l'instruction ministérielle du 11 juillet 1818.

accorde aux actionnaires des intérêts dans le cas même où il n'y aurait pas de bénéfices. Bien que cette clause ne soit pas très conforme à la nature du droit des actionnaires, on admet généralement qu'elle est valable (1). Les administrateurs pourront donc, sans engager leur responsabilité, distribuer les intérêts stipulés, à la condition toutefois que la clause qui les y autorise ait été publiée et rendue ainsi opposable aux tiers.

23. — C'est l'inventaire annuel qui détermine les bénéfices sur lesquels sont pris les dividendes. La loi française n'en règle pas les évaluations. Le Code suisse des obligations les règle au contraire assez minutieusement (art. 656) : « Le bilan doit être dressé d'une façon assez claire et facile à saisir pour que les actionnaires puissent se rendre un compte aussi exact que possible de la vraie situation de fortune de la société. Il y a lieu notamment d'observer les règles suivantes : 1° Les frais de fondation, d'organisation et d'administration doivent être portés intégralement aux dépenses de l'année. Par excep-

---

(1) Lyon-Caen et Renault, n° 456. — Paris, 1er juin 1876 et 9 août 1877, J. P. 1878, p. 966. — Le Code suisse des obligations (art. 630) décide que : « Il ne peut être payé d'intérêts pour le capital actions; les dividendes et tantièmes ne peuvent être payés que sur le bénéfice net établi par le bilan annuel. Toutefois, des intérêts d'un taux déterminé peuvent être convenus pour le temps que réclame, d'après les statuts, la préparation de l'entreprise jusqu'au commencement de l'exploitation normale. » De même, le Code de commerce allemand, art. 217.

tion, les frais d'organisation prévus par les statuts ou par les décisions de l'assemblée générale, soit pour l'installation primitive, soit pour une nouvelle branche d'affaires, soit enfin pour une extension des opérations, peuvent être répartis sur une période de cinq années au plus, à condition de faire figurer aux dépenses de chaque année au moins la part afférente à cet exercice. — 2° Les immeubles, bâtiments et machines doivent être évalués tout au plus au prix d'acquisition, et déduction faite de l'amortissement que comportent les circonstances; s'ils sont assurés, on indique en outre la somme pour laquelle ils le sont. — 3° Les valeurs cotées ne peuvent être évaluées au-dessus de leur cours moyen dans le mois qui précède la date du bilan. — 4° Les approvisionnements de marchandises ne peuvent être estimés au-dessus de leur prix d'achat, et si ce prix dépasse le prix courant, au-dessus de ce dernier prix. — 5° On doit indiquer le montant total des valeurs douteuses et des amortissements correspondants. — 6° Le capital social et les fonds de réserve ou de renouvellement doivent être inscrits au passif. — 7° Les obligations émises par la société sont portées pour la valeur intégrale à laquelle elles doivent être remboursées. Mais on peut faire figurer à l'actif la différence entre le prix d'émission et le taux du remboursement, en la diminuant chaque année, jusqu'au jour de l'échéance, de la somme nécessaire à l'amortissement. » Le Code de commerce allemand (art. 239 a.) contient quelques dispositions analogues.

Ces règles ne sont pas obligatoires pour les administrateurs de sociétés françaises, mais ils feront bien de les suivre. Ainsi, le matériel et les valeurs susceptibles de dépérissement devront être successivement amortis. Un brevet d'invention qui n'est valable que pour un temps, une mine que l'exploitation épuise, devront être comptés chaque année pour un chiffre moins élevé. Les valeurs cotées à la Bourse seront portées au cours du jour. Si ce cours paraît trop élevé, on pourra établir une réserve spéciale pour compenser les dépréciations probables (1). Les immeubles seront estimés à leur prix d'acquisition. Il ne serait pas prudent d'escompter leur plus-value avant qu'ils aient été vendus (2). Mais on pourra comprendre dans le prix de revient les intérêts qui l'ont accru depuis l'achat, s'il s'agit d'une société qui a pour objet des spéculations immobilières. La société a dû compter en effet qu'elle rentrerait dans tout ce que lui ont coûté ses immeubles (3).

Les administrateurs engageraient leur responsabilité en exagérant l'actif de la société par de fausses indications ou par des évaluations excessives. Par exemple, s'ils attribuaient à des actions industrielles une valeur qu'elles n'ont pas; s'ils portaient au

---

(1) Vavasseur, *Revue des Sociétés*, 1883, p. 106, 278, 327.

(2) Paris, 22 avril 1870, D. 1870. 2. 121.

(3) Vavasseur, n° 620.

compte des frais de premier établissement des frais généraux et courants d'administration (1); s'ils faisaient figurer à l'actif des créances reconnues irrécouvrables (2). Ils seraient également responsables des manœuvres qui auraient pour objet de tromper les tiers sur la situation de la société, en représentant comme profits ordinaires des sommes importantes qui n'auraient pas ce caractère. Par exemple s'ils distribuaient un reliquat considérable des exercices précédents, en faisant croire par les termes de leurs annonces que la répartition est faite sur les bénéfices de l'exercice courant (3).

24. — Il arrive ordinairement que, lors de la confection de l'inventaire, la société est engagée dans des opérations non encore terminées. Devra-t-on encore considérer comme des bénéfices acquis ceux qu'on attend de ces opérations, ou au contraire en faire abstraction ?

La question a été posée par les rédacteurs de la loi de 1863 et diversement résolue. L'exposé des motifs se prononçait pour la solution la plus rigoureuse. « Il ne suffit pas, disait-il, que des opérations engagées fassent concevoir des espérances qui paraissent presque des certitudes, ni même que des conventions faites, des marchés conclus constituent des droits

(1) Paris, 22 décembre 1858, D. 1859. 1. 137.

(2) Angers, 21 janvier 1867, D. 1867. 2. 19.

(3) Lyon, 17 août 1865, D. 1866. 2. 194.

véritables, des créances positives. Les résultats probables des entreprises, les effets des conventions et des traités ne sont pas encore des bénéfices qu'on puisse distribuer. Si on en fait la répartition avant qu'ils soient effectivement réalisés, avant que la caisse sociale ait reçu les sommes qui en sont la représentation, c'est sur le capital social qu'est pris ce qui est donné aux actionnaires sous le nom de dividendes; c'est là ce que les administrateurs ne peuvent faire sans se compromettre. »

La Cour de cassation s'était prononcée dans le même sens sous l'empire de la loi de 1856. « L'article 13 de la loi, disait-elle, exige que les dividendes soient réellement acquis, il ne suffit pas que le béfice se fonde sur une convention qui l'assure, il faut qu'il soit complètement réalisé; il n'est acquis à la société, dans le sens de la loi qui a voulu écarter les dividendes frauduleux et même ceux qui ne seraient que hasardés, qu'autant qu'il est le résultat d'une opération accomplie (1). » Et le procureur général Dupin avait dit : « On ne partage pas des espérances, même bien fondées; on ne partage pas une clause, mais des écus. Un dividende, avant de sortir de la caisse de la société, doit y être entré. »

Il est clair qu'on ne doit pas tenir compte d'une opération inachevée, si l'on entend par là une con-

---

(1) Cass. 28 juin 1862, S. 1862. 1. 656. — Cf. Paris, 22 avril 1870, D. 1870. 2. 121.

vention qui n'est pas conclue ou qui peut ne pas produire d'effet, par exemple une vente conditionnelle. Mais c'est aller trop loin que d'exiger un encaissement, que de ne pas vouloir compter « le bénéfice fondé sur une convention qui l'assure. » N'est-ce pas une créance comme les autres? En quoi son recouvrement est-il plus douteux? Les cours de la Bourse peuvent changer, cependant il est admis que les valeurs en portefeuille figurent à l'inventaire au cours du jour. Nous dirons seulement que les estimations doivent être prudentes et que les administrateurs feront bien de pratiquer à l'avance un amortissement pour les pertes possibles.

Cette interprétation, généralement admise dans la doctrine, est conforme à la définition que donnait, en 1863, le rapporteur de la commission législative, des bénéfices réellement acquis : « On a voulu exprimer ainsi les bénéfices qui ne peuvent plus échapper à la société, qui ne sont plus à l'état de simple éventualité, quelle qu'en soit la vraisemblance, dont aucun coup du sort, excepté une insolvabilité imprévue ou une destruction fortuite, ne peut plus priver la société. Sans doute, il ne sera pas toujours nécessaire que le bénéfice ait été encaissé: il pourra résulter d'une valeur, d'une traite, même d'une simple créance, pourvu qu'elle soit réputée bonne, non susceptible de discussion, et de nature, suivant les usages du commerce, à figurer à l'actif. Le bon sens et la pratique commerciale seront sur ce point le meilleur commentaire de la loi (1). »

La jurisprudence tend à regarder les créances à long terme, dont la réalisation est moins sûre, comme ne procurant pas de bénéfices certains, susceptibles d'être mis en distribution. Par exemple, celles qui ont pour objet le prix de terrains payables par un service d'annuités de la durée de dix, vingt et trente ans (2). De telles créances ne devraient donc pas être portées à l'inventaire pour leur valeur totale.

Il est à peine besoin de dire que les administrateurs ne répondent pas des évènements ultérieurs. Si leurs évaluations ont été exactes et prudentes, ils n'encourent aucun reproche, bien que la valeur attribuée à certains articles, brevets d'invention, marchandises, créances, etc., soit plus tard diminuée ou complètement perdue (3).

25. — Tous les bénéfices constatés par l'inventaire ne peuvent pas être distribués aux actionnaires. La loi veut, dans une pensée de prévoyance, qu'une partie soit mise en réserve. D'après l'article 36 : « Il est fait annuellement, sur les bénéfices nets, un « prélèvement d'un vingtième au moins, affecté à la « formation d'un fonds de réserve. — Ce prélève« ment cesse d'être obligatoire lorsque le fonds de « réserve a atteint le dixième du capital social. »

---

(1) Duvergier, *Bulletin des lois*, p. 363.

(2) Paris, 22 avril 1870. — Cass. 7 mai 1872, D. 1872. 1. 233.

(3) Duvergier, *Bulletin des lois*, 1863, p. 391.

Cette disposition s'impose à toutes les sociétés anonymes ; les administrateurs seraient responsables de son inexécution. Les statuts ne peuvent y déroger ; ils peuvent seulement élever le chiffre du prélèvement ou établir d'autres réserves à côté de la réserve légale.

On s'est demandé si, en dehors des statuts, l'assemblée des actionnaires pourrait, sur la proposition des administrateurs, créer des réserves supplémentaires. On a dit qu'une pareille mesure porterait atteinte aux droits de la minorité en diminuant le dividende sur lequel le pacte social lui permet de compter. En règle générale, elle sera cependant légitime ; mais elle cesserait de l'être si, par l'importance des sommes prélevées, elle modifiait gravement la répartition des bénéfices.

Le prélèvement doit être effectué sur les bénéfices nets, par conséquent sur l'excédant d'actif. Si les statuts stipulent que des intérêts seront payés aux actionnaires, même en l'absence des bénéfices, ces intérêts, étant une charge de la société, ne subiront pas le prélèvement. L'instruction ministérielle de 1818, qui pour la première fois exigea la formation d'un fonds de réserve dans les sociétés anonymes, l'entendait ainsi. « Cette réserve, disait-elle, ne préjudicie en rien au paiement des intérêts ordinaires... Comme, par supposition, il s'agit de compagnies au-dessus de leurs affaires, ces précautions se rapportent à la garantie due au public pour l'avenir, et non à aucun péril pour les créanciers actuels. Dans cette situation, la défense de distribuer des bénéfices ne doit pas empêcher les actionnaires de retirer l'intérêt de leur mise (1). »

26. — En dehors des assemblées ordinaires auxquelles ils rendent compte de leur gestion, les administrateurs doivent convoquer des assemblées extraordinaires d'actionnaires, lorsqu'ils jugent utile d'apporter des modifications aux statuts (art. 31). Ces assemblées doivent représenter au moins la moitié du capital social. Tous les actionnaires y prennent part, même ceux qui n'auraient pas le nombre d'actions exigés par les statuts (2).

La convocation d'une assemblée générale extraordinaire est obligatoire dans l'hypothèse prévue par l'article 37 : « En cas de perte des trois quarts « du capital, les administrateurs sont tenus de pro- « voquer la réunion de l'assemblée générale de tous « les actionnaires, à l'effet de statuer sur la question « de savoir s'il y a lieu de prononcer la dissolution « de la société. — La résolution de l'assemblée est « dans tous les cas rendue publique. — A défaut par « les administrateurs de réunir l'assemblée générale, « comme dans le cas où cette assemblée n'aurait pu « se constituer régulièrement, tout intéressé peut

(1) Pont, n° 1594. — Lyon-Caen, n° 493. — Mathieu et Bourguignat, p. 193.

(2) Lyon-Caen, n° 491.

« demander la dissolution de la société devant les « tribunaux. »

La perte se calcule sur le capital nominal et non sur le capital réalisé. Cela résulte des travaux préparatoires. La commission du Corps législatif voulait que la loi parlât du capital réalisé, car une partie du capital nominal peut être irrécouvrable (actions au porteur). Le Conseil d'État n'accepta pas cette rédaction (1).

La dissolution n'est pas obligatoire (2). Mais, soit que l'assemblée la prononce, ou qu'elle décide de continuer la société, sa décision doit être rendue publique. Les tiers sont avertis par là des pertes qu'a éprouvées le capital social.

Les administrateurs sont chargés de la convocation et de la publication; ils engageraient leur responsabilité en manquant à l'un ou à l'autre de ces devoirs. A leur défaut, les commissaires de surveillance auraient certainement le droit de réunir les actionnaires (art. 33, al. 2).

La perte des trois quarts du capital peut être une des causes graves qui, d'après l'article 1871 du Code civil autorisent l'un des associés à demander la dissolution de la société avant l'expiration du terme convenu. L'article 37 accorde aux actionnaires le bénéfice d'une procédure plus commode; il ne leur

(1) Tripier, t. I, p. 178 et t. II, p. 222.

(2) Tripier, t. I, p. 238 et 239.

retire pas l'usage du droit commun. Tout actionnaire aura donc le droit de demander la dissolution aux tribunaux, bien que l'assemblée générale l'ait repoussée (1). C'est une garantie qui peut être très utile à la minorité.

27. *Législations étrangères.* — Les législations étrangères ont généralement pris les mêmes mesures que la loi française pour la bonne administration des sociétés anonymes. Comme elle, elles obligent les administrateurs à rendre compte chaque année de leur mandat à une assemblée générale des actionnaires (art. 641 et 643 du Code suisse, art. 60 et 63 de la loi belge, art. 145 du Code italien, 239 du Code allemand). Elles les placent sous la surveillance de commissaires nommés par cette assemblée. Elles leur ordonnent de prélever une réserve sur les bénéfices sociaux (art. 62-2° de la loi belge, 631 du Code suisse et 182 du Code italien) et de convoquer l'assemblée générale au cas où une partie du capital serait perdu (art. 72 de la loi belge, 657 du Code suisse, 146 du Code italien, 240 du Code allemand).

Mais les lois étrangères ont mieux organisé que la nôtre le contrôle exercé sur les administrateurs, soit par les commissaires de surveillance, soit par les actionnaires eux-mêmes. Au lieu de limiter les pouvoirs des commissaires à une durée de trois mois, elles leur recommandent une surveillance continuelle

(1) Pont, n° 1919.

(art. 660 du Code suisse; — 225 a. du Code allemand). D'après l'article 55 de la loi belge : « Les commissaires ont un droit illimité de surveillance et de contrôle sur toutes les opérations de la société. Ils peuvent prendre connaissance, sans déplacement, des livres, de la correspondance, des procès-verbaux et généralement de toutes les écritures de la société. — Il leur est remis chaque semestre, par l'administration, un état résumant la situation active et passive. » — On leur permet d'exercer individuellement leur surveillance; leurs résolutions seulement doivent être prises en commun (1). Les commissaires sont même quelquefois adjoints aux administrateurs pour les délibérations les plus importantes (art. 56 et 57).

Le Code de commerce italien attribue aux commissaires de surveillance des pouvoirs encore plus étendus. Ils doivent examiner au moins chaque trimestre les livres de la société pour connaître les opérations sociales et assurer la régularité des écritures; vérifier la caisse fréquemment et à l'improviste; reconnaître au moins une fois par mois, l'existence des titres et valeurs déposés à la société. Ils peuvent demander chaque mois aux administrateurs un état des opérations sociales. Ils peuvent assister à leurs réunions et faire inscrire à l'ordre du jour les propositions qu'ils jugent utiles (art. 184).

En outre les lois étrangères laissent plus d'initia-

(1) Guillery, *Sociétés commerciales*, p. 402.

tive aux actionnaires. Nous avons vu que, chez nous, ils n'ont en dehors de l'assemblée générale, aucun moyen de se renseigner sur les affaires sociales, ni de faire connaître leur volonté. Ils doivent attendre la convocation de l'assemblée pour prendre des mesures qui peuvent être urgentes, et n'ont pas le droit de la provoquer (1).

Le Code italien (art. 159) et la loi belge (art. 60) ordonnent aux administrateurs de convoquer l'assemblée générale chaque fois qu'un groupe d'actionnaires représentant le cinquième du capital social le demande. D'après le Code suisse des obligations (art. 645), l'assemblée générale doit être convoquée sur la demande d'un ou de plusieurs actionnaires, à condition que leurs actions représentent ensemble au moins le dixième du capital social, et que leur demande signée par eux, indique le but de la convocation. Le Code allemand (art. 237) contient une disposition analogue.

Par ce moyen, les actionnaires exercent un contrôle plus efficace. Ils peuvent, sans attendre l'assemblée annuelle, demander des explications aux administrateurs, leur tracer la direction à suivre et les révoquer s'ils n'ont plus confiance en eux; le Code itatien leur accorde encore d'autres moyens d'action dont il règle minutieusement l'usage.

---

(1) Cela résulte des travaux préparatoires. (V. Tripier, t. I, p. 258).

D'après l'art. 152 de ce Code, tout actionnaire a le droit de dénoncer aux commissaires de surveillance les fautes commises par les administrateurs, et les commissaires doivent en tenir compte dans leurs rapports à l'assemblée. Lorsque la dénonciation est faite par un groupe d'actionnaires représentant le dixième du capital social, les commissaires sont obligés de présenter leurs observations et leurs conclusions à ce sujet. La représentation d'un dixième du capital se justifie par le dépôt des actions auprès d'une banque d'émission légalement constituée, d'un notaire du lieu où est établie la société, ou des commissaires. Les titres doivent rester déposés jusqu'à l'assemblée. — Si les commissaires jugent fondée et urgente la réclamation de ces associés représentant le dixième du capital, ils doivent convoquer immédiatement une assemblée générale ; sinon, ils doivent en référer à la plus prochaine. L'assemblée doit toujours prendre une délibération sur la réclamation.

D'après l'art. 153, lorsqu'ils sont fondés à soupçonner de graves irrégularités de la part des administrateurs ou des commissaires de surveillance, des actionnaires représentant le huitième du capital social peuvent dénoncer les faits au tribunal de commerce, en justifiant comme il a été dit plus haut du nombre d'actions qu'ils représentent. Le tribunal, après avoir interrogé dans la Chambre du conseil, les administrateurs et les commissaires, peut, s'il reconnaît l'urgence de prendre des mesures avant la réunion de l'assemblée générale, ordonner l'inspection des livres de la société et nommer pour cela un ou plusieurs experts aux frais des requérants, en déterminant la caution que ceux-ci devront donner. L'inspection n'a pas lieu s'il n'est pas fourni de caution. Le rapport des experts doit être déposé à la Chancellerie dans le délai fixé par le tribunal, qui examine en Chambre du conseil. Si la plainte ne paraît pas fondée, le tribunal peut ordonner que le rapport soit publié dans le journal des annonces judiciaires, en entier ou seulement dans ses conclusions. Dans le cas contraire, le tribunal ordonne les mesures urgentes et la convocation immédiate de l'assemblée générale. Son ordonnance est exécutoire nonobstant appel ou opposition.

La loi belge (art. 124) et le Code suisse des obligations (art. 641) permettent aussi à un groupe d'actionnaires de demander une enquête dans les circonstances graves.

CHAPITRE III.

POUVOIRS DES ADMINISTRATEURS.

28. — La loi de 1867 est muette sur les pouvoirs des administrateurs. Ce sont ordinairement les statuts qui les déterminent. S'ils ne contiennent pas de dispositions à ce sujet, on doit appliquer les règles générales du mandat. Et comme le mandataire a le droit de faire tout ce qui est nécessaire pour l'accomplissement de son mandat, les administrateurs auront le droit de faire tout ce qui sera nécessaire pour l'administration de la société.

On devra rechercher quelles sont les opérations en vue desquelles la société a été établie, qui doivent être considérées comme des actes de gestion ; quelles sont, au contraire, celles qui présentent un caractère exceptionnel, qui n'appartiennent pas au fonctionnement régulier des affaires sociales. Ces dernières seront interdites aux administrateurs ; les premières rentreront dans leur mandat. Les résultats de cette distinction seront d'ailleurs très différents, selon la nature des sociétés qu'on aura en vue. Une maison de banque a d'autres affaires qu'une compagnie de chemins de fer. Il faut donc admettre que les administrateurs de sociétés différentes auront des pouvoirs différents, la nature de leurs fonctions n'étant pas la même. On peut cependant indiquer quelques règles générales, applicables dans le plus grand nombre des cas.

29. — Ainsi, les administrateurs ont mandat pour faire tous les actes de gestion intérieure. Ce sont eux qui choisissent et qui révoquent les employés, qui fixent leurs appointements et leurs attributions, qui organisent la machine sociale et en surveillent les rouages.

A l'extérieur, ils ont le droit de faire les actes de commerce pour lesquels la société a été établie. Par exemple, d'acheter des matières premières qui doivent être transformées par la fabrication, et d'en vendre les produits, d'engager des ouvriers. Ils peuvent employer le capital social dans ces opérations, ou, si elles ne l'absorbent pas tout entier, en placer autrement une partie. Mais ils n'auraient pas le droit de s'en servir pour des spéculations étrangères aux affaires sociales.

Ils ont pour administrer les biens de la société les pouvoirs les plus étendus; ils peuvent donner les immeubles à bail, recevoir les paiements, aliéner les biens meubles, payer les dettes et régler tous les comptes. Mais on ne leur reconnaît pas en principe le droit d'aliéner ou d'hypothéquer les immeubles (1). Ce sont des actes extraordinaires pour lesquels il

---

(1) Paris, 5 juillet 1877. S. 1877. 2. 295.

leur faudrait une autorisation spéciale, sauf dans les sociétés immobilières où l'aliénation des immeubles n'est qu'un acte d'administration.

Ils ne peuvent pas disposer des biens sociaux, même des meubles, à titre gratuit, si ce n'est pour sommes modiques et à titre rémunératoire. La remise de dettes, étant un acte à titre gratuit, leur est également interdite, si ce n'est dans les concordats. Ils ne peuvent emprunter, s'ils n'y sont spécialement autorisés par les statuts, à moins qu'il ne s'agisse d'un emprunt très modique, dont le remboursement pourrait se faire à bref délai. L'emprunt n'est pas en général un acte d'administration (1).

Ils peuvent intenter toutes les actions en justice qui sont relatives à l'administration de la société et y défendre. On a même étendu ce droit aux actions ayant pour objet, non plus les opérations de la société, mais la réparation d'un préjudice moral subi par elle, spécialement une action en diffamation (2). Quant aux actions qui porteraient sur des droits immobiliers, les principes conduiraient à leur en refuser l'exercice. Mais leur rigueur est ordinairement corrigée par les statuts qui confèrent au conseil d'administration le droit de former toutes réclamations et de défendre la société contre toutes demandes. La

(1) Cass. 22 janvier 1867, D. 1867. 1. 169. — Les administrateurs ne pourraient par conséquent émettre des obligations s'ils n'y étaient autorisés par les statuts.

(2) Orléans, 21 décembre 1854, D. 1857. 2. 30.

nécessité d'une intervention de l'assemblée générale dans ces procès serait en effet plus gênante qu'utile. Soit qu'il s'agisse ou non d'actions relatives aux actes d'administration, la société est valablement assignée par les tiers ou par des associés dans la personne des administrateurs.

Le droit de transiger ou de compromettre ne leur appartient pas en principe. L'usage le leur accorde seulement lorsqu'il s'agit d'intérêts relatifs au commerce de la société, intérêts qui ne peuvent pas attendre.

30. — Nous avons dit que les administrateurs peuvent placer les capitaux de la société. Ils ne peuvent cependant les employer à acheter ses propres actions. Cette opération ne constituerait pas un simple placement, mais un véritable remboursement du capital social, en dehors des conditions prescrites par les articles 31 et 61 de la loi de 1867. Elle diminuerait le gage des créanciers, en rendant, d'une façon détournée, aux actionnaires l'argent qu'ils ont versé, et quelquefois davantage. La jurisprudence et la doctrine s'accordent aujourd'hui pour en prononcer la nullité (1).

---

(1) Cass. 18 février 1868, S. 1868. 1. 241. — 14 décembre 1869, S. 1870. 1. 165. — 2 juillet 1878, S. 1881. 1. 411. — Riom, 22 février 1870, S. 1870. 2. 210. — Bourges, 26 décembre 1870, S. 1870. 2. 318. — Paris, 2 juin 1876, S. 1879. 2. 33, note de M. Labbé. — Caen, 11 mai 1880 et Paris, 4 février 1881, S. 1882. 2. 123, note de M. Lyon-Caen. — Beudant, *Revue critique*, 1870, t. 36, p. 112. — Boistel, p. 177.

La société pourra seulement racheter ses actions si elle remplit les conditions exigées pour la réduction de son capital, si le rachat est autorisé par une décision de l'assemblée générale, conforme aux statuts et publiée dans les formes prescrites par l'article 61. Les administrateurs seront ordinairement chargés d'exécuter cette délibération qui leur donnera le droit d'acheter les actions au cours de la Bourse, jusqu'à concurrence d'un chiffre déterminé. Si elles ont été injustement discréditées, la société trouvera un grand avantage à rembourser ainsi ses actionnaires. Ce sera une réduction du capital au rabais.

Le rachat des actions sera également légitime s'il est opéré en dehors de toute diminution du capital, au moyen des bénéfices et des réserves de la société. Le capital restant intact, les créanciers n'ont plus à se plaindre. Ils conservent toutes les garanties auxquelles ils doivent prétendre, même si les réserves sont employées, car c'est moins dans leur intérêt que dans celui des actionnaires qu'elles sont établies. Mais dans ce cas même, les administrateurs feront bien, pour effectuer le rachat, d'obtenir le consentement de l'assemblée générale. S'ils veulent racheter un grand nombre d'actions, ce n'est plus un simple acte d'administration ; c'est une mesure importante qui modifie les conditions d'existence de la société, et, dans le cas où un appel de fonds deviendrait nécessaire, aggrave la responsabilité des actionnaires qui n'ont pas vendu. Le versement dû par un plus petit nombre est nécessairement plus élevé (1).

Les statuts pourraient confier aux administrateurs le droit d'opérer, sans autorisation préalable, l'amortissement total ou partiel des actions, soit sur les bénéfices de l'année, soit sur les réserves. Mais il ne pourraient pas leur permettre d'employer au ra-

(1) Vavasseur, t. I, n° 386. — Le Code suisse des obligations contient sur le rachat des actions des dispositions complètes. Art. 628 : « Il est interdit aux sociétés anonymes d'acquérir leurs propres actions. Elles ne le peuvent que dans les cas suivants : 1° lorsque l'achat a pour objet un amortissement prévu par les statuts ; — 2° lorsque l'achat est fait conformément à l'art. 670, alinéas 1 et 2, en vue du remboursement partiel du capital social ; — 3° lorsque l'acquisition est la conséquence de poursuites faites par la société en vue d'obtenir paiement de ses créances ; — 4° lorsque l'achat se rattache à une catégorie d'opérations rentrant d'après les statuts dans l'objet de l'entreprise. — Dans les deux premiers cas, les actions rachetées doivent être immédiatement rendues impropres à toute nouvelle aliénation. Dans les deux derniers cas, les actions dont la société est devenne propriétaire doivent être revendues dans le plus bref délai possible, et le rapport annuel doit signaler ces acquisitions et reventes. — Les actions rachetées par une société ne peuvent être représentées dans les assemblées générales. » Art. 670 : « Le remboursement du capital social aux actionnaires ou la réduction de ce capital ne peut avoir lieu qu'en vertu d'une décision de l'assemblée générale. — Ce remboursement ou cette réduction ne peut s'opérer que conformément aux règles prescrites pour la répartition de l'actif en cas de dissolution. — Les membres de l'administration qui contreviennent à cette disposition sont personnellement et solidairement responsables envers les créanciers de la société. — Ce qui précède n'est pas applicable en cas d'amortissement d'actions réservé par les statuts et dont traite l'art. 628-1°. » Cf. la loi italienne (art. 144) et le Code de commerce allemand (art. 215, al. 3). Voyez aussi Gareis, *Das deutsche Handelsrecht*, p. 205.

chat une partie du capital social, en dehors des formalités que nous avons indiquées. Une telle disposition laisserait les tiers dans l'incertitude sur les garanties que leur offre la société au moment où ils traitent avec elle.

31. — Lorsque les administrateurs agissent dans la limite de leurs pouvoirs, ils obligent la société, sans s'obliger eux-mêmes. « Ils ne contractent à raison de leur gestion, dit l'art. 32 du Code de commerce, aucune obligation personnelle ni solidaire relativement aux engagements de la société (1). » La société au contraire est obligée quelles que soient les conséquences de leurs actes. Hors le cas de fraude, elle est liée envers les tiers qui ont traité avec eux. Elle a seulement le droit de se faire indemniser par ses administrateurs, s'ils ont commis une faute.

Le mandataire oblige le mandant, lorsqu'il agit dans la limite de ses pouvoirs, non seulement par ses contrats, mais encore par ses délits et quasi-délits (2). La société sera donc responsable du préju-

---

(1) Il a été jugé, par exemple, que le directeur d'une société anonyme (la solution serait la même pour un administrateur), qui charge un avoué d'occuper pour cette société dans une instance, ne contracte point d'obligation personnelle quant au paiement des frais. L'avoué n'a de recours que contre la société elle-même. (Cassation 6 mai 1835, S. 1835. 1. 325). Voyez aussi Cass. 15 juin 1857, S. 1859. 1. 132.

(2) Pont, *Petits Contrats*, t. I, p. 555. — Laurent, *Principes de Droit civil*, t. 28, p. 55.

dice causé par ses administrateurs, toutes les fois que ce préjudice résultera de leurs actes d'administration. Elle ne cessera d'en répondre que lorsqu'ils auront agi en dehors des pouvoirs à eux conférés par la loi, par les statuts, ou par une délégation spéciale. Les tribunaux ont fait application de ces principes dans une affaire où la responsabilité d'une société en commandite par actions avait été engagée par des actes dolosifs de son gérant. Les règles qu'ils ont suivies seraient également applicables à une société anonyme. La société des Tourbières de France s'était intéressée, par l'intermédiaire de son gérant, le sieur Subtil, dans la fondation d'une autre société du même genre qui prit le nom de Compagnie du Midi. Elle avait vendu à cette société une partie de ses brevets et les déclarations mensongères de son gérant sur les résultats obtenus par leur exploitation avaient déterminé un certain nombre de souscriptions. La Compagnie du Midi ayant été mise en faillite, les actionnaires rendirent la Société des Tourbières responsable des manœuvres frauduleuses qui les avaient trompés. La Cour d'Aix, confirmant un jugement du tribunal de commerce, accueillit leur demande en ces termes : « Attendu que les actionnaires de Paris sont demeurés entièrement étrangers aux manœuvres de leur gérant, que leur confiance dans la valeur industrielle, et même dans les avantages commerciaux du brevet, est prouvée par ce fait péremptoire qu'ils ont formé eux-mêmes pour l'exploitation de ce brevet une société dans laquelle ils ont engagé des sommes considérables; attendu cependant qu'ils sont responsables du fait de leur gérant et que, dès lors, le contrat fait par ce dernier, en leur nom, ne saurait être maintenu, etc. (1). »

Cet arrêt qui, tout en reconnaissant le principe de l'obligation, ne l'appliquait pas dans toute son étendue fut porté devant la Cour de cassation. La Cour fit complètement droit aux réclamations de la Compagnie du Midi. « Vu les articles 1382 du Code civil, 23 et 24 du Code de commerce : — Attendu que, dans la société en commandite, le gérant est le représentant légal de la société; qu'il la personnifie dans ses rapports avec les tiers, que lorsqu'il a contracté avec ceux-ci dans la sphère de ses attributions, c'est la société elle-même qui a contracté; — que dès lors, s'il pratique des manœuvres frauduleuses et s'il commet un dol dans un acte de sa gérance, non-seulement la société n'en doit pas profiter, mais elle doit au contraire réparer en entier le préjudice qui en résulte pour les tiers (2). » La Cour de Grenoble devant laquelle l'affaire fut renvoyée adopta la même solution (3).

On peut citer aussi un arrêt de la Cour de Dijon (24 juillet 1874, S. 1875. 2. 73), décidant que, dans le cas où, par la négligenee du gérant d'une société de

(1) Cour de Nîmes, 3 janvier 1865, S. 1872. 1. 9.

(2) Cassation 15 janvier 1872, S. 1872. 1. 9.

(3) Grenoble, 4 février 1874, S. 1874. 2. 168.

mines, un accident est arrivé à un ouvrier, la société est responsable du préjudice causé.

32. — Au contraire, les actes accomplis par les administrateurs en dehors de leurs pouvoirs ne peuvent pas être opposés à la société, alors même qu'ils seraient passés en son nom. Ils sont pour elle *res inter alios acta*; elle n'a pas même besoin d'en demander la nullité. « L'un des associés, dit l'article « 1862 du Code civil, ne peut obliger les autres si « ceux-ci ne lui en ont conféré le pouvoir. » Or la société n'a donné pouvoir à ses administrateurs que pour les actes d'administration. Les autres actes qu'ils accomplissent, sans autorisation spéciale, tels qu'un emprunt ou une constitution d'hypothèque, resteraient sans effets à son égard (1). Les tiers avec qui les administrateurs auraient traité pourraient seulement se faire indemniser par ceux-ci, en demandant par exemple que l'opération soit mise à leur compte. C'est ainsi qu'un emprunt contracté sans autorisation par le conseil d'administration d'une société, nul à l'égard de la société, peut être déclaré obligatoire pour le conseil d'administration, lorsque les prêteurs ont dû croire qu'il n'outrepassait pas son mandat (2).

Les administrateurs eux-mêmes cessent d'être

---

(1) Caen, 19 juin 1877 et Cass. 2 juillet 1878, S. 1881. 1. 411.

(2) Douai, 15 mars 1844. — Dalloz, *Jurisprudence générale*, v° *Société*, n° 480.

obligés dans l'hypothèse prévue par l'article 1997 du Code civil, s'ils ont donné aux tiers avec lesquels ils ont contracté une connaissance suffisante de leurs pouvoirs (1). Les tiers n'ont plus alors aucun recours; ils ont opéré à leurs périls et risques. Mais, en règle générale, on ne présumera pas qu'ils aient été avertis; il faudra en apporter la preuve. Tandis que les administrateurs doivent toujours connaître la limite de leurs pouvoirs, il arrive souvent que les tiers ne la connaissent pas, et il n'est pas d'usage de se faire représenter à chaque affaire l'acte de société ou les délibérations ultérieures de l'assemblée générale qui ont pu le modifier (2).

33. — Par exception à notre principe, la société est obligée par les actes que ses administrateurs accomplissent en dehors de leurs pouvoirs, dans deux cas : lorsque ces actes lui ont profité ou lorsqu'elle les a approuvés.

On applique dans le premier cas les règles de l'action *de in rem verso*. Si la société ne veut pas exécuter les engagements qu'on a pris en son nom, elle

---

(1) La Cour de cassation a jugé qu'une société anonyme n'est pas liée par la prorogation de bail faite à l'un de ses locataires par le président du Conseil d'administration seul, alors que les statuts exigeaient la signature de deux administrateurs pour la validité des baux. Et que le locataire n'a pas d'action en responsabilité contre le président du Conseil, à défaut de rectification par la société, s'il a su que celui-ci agissait non pas en son nom personnel, mais pour le compte de la société, et s'il a connu la clause des statuts. (Cass. 7 juillet, 1872, S. 1873. 1. 256).

(2) Cf. Pont, n° 1712.

doit au moins restituer le prix qu'on lui a donné en échange. Elle ne peut pas retenir d'une main et prendre de l'autre; elle est obligée dans la mesure de son enrichissement. Ainsi, il a été jugé qu'une société anonyme est tenue de rembourser les avances faites dans son intérêt et qui ont été versées dans son actif, lors même que le traité en vertu duquel ces avances ont été faites a été conclu sans pouvoirs suffisants de ses représentants (1). Et que les reports faits par le gérant d'une société en commandite par actions, en dehors de ses pouvoirs, obligent la société à rembourser l'argent de ces reports entré dans sa caisse (2).

Dans le second cas, la société est tenue comme tout mandant qui a ratifié les actes de son mandataire (art. 1998 du Code civil). Elle n'est pas obligée seulement jusqu'à concurence de son enrichissement; elle doit exécuter entièrement le contrat. Mais pour que la ratification produise ses effets, il faut qu'elle ait été donnée par une assemblée générale compétente, dans les conditions prescrites par la loi. Nous verrons tout à l'heure quelles sont ces conditions.

34. — Les pouvoirs que nous venons d'indiquer appartiennent aux administrateurs lorsqu'ils agissent collectivement. Le conseil d'administration,

---

(1) Cass. 24 mars 1852, D. 1852. 1. 109.

(2) Cass. 17 juillet 1868, S. 1868. 1. 357.

comme une assemblée législative, prend ses résolutions à la majorité de voix; la minorité ne représente pas la société. L'administrateur qui, sans consulter ses collègues, ferait une opération d'une certaine importance, engagerait sa responsabilité et n'obligerait pas en principe la société. L'article 1857 du Code civil dit, il est vrai, que « lorsque plusieurs « associés sont chargés d'administrer, sans que « leurs fonctions soient déterminées, ou sans qu'il « ait été exprimé que l'un ne pourra agir sans « l'autre, ils peuvent faire chacun séparément tous « les actes de cette administration. » Mais ce ne sont pas les administrateurs pris individuellement que les actionnaires ont chargés de gérer, c'est le conseil tout entier. On les a nommés pour agir ensemble. L'usage ne laisse pas de doute à cet égard et il est assez connu pour que les tiers soient avertis. Il y aurait donc imprudence de leur part à traiter avec un seul administrateur, la société pourrait ne pas accepter le contrat.

Il en serait autrement si les circonstances permettaient de croire que les pouvoirs du conseil ont été délégués en tout ou en partie à l'un de ses membres (1). L'administrateur délégué a certainement

(1) Quand les tiers ont cru à une délégation qui n'existait pas, la jurisprudence doit apprécier les effets du contrat, en tenant compte de la nature de l'affaire, de la bonne foi des contractants et des usages de la société. Ainsi, il a été jugé que, dans une société où les mandats, pouvoirs, procurations et contrats doivent être signés par deux

qualité pour représenter la société; les tiers peuvent traiter avec lui (Tribunal civil de la Seine, 14 avril 1882. — *Journal des sociétés*, 1883, p. 139). Ils peuvent aussi traiter avec le directeur de la société. Le directeur est habituellement chargé d'accomplir les opérations décidées par les administrateurs; il est leur intermédiaire ordinaire. Quand les statuts n'ont pas limité ses pouvoirs, on doit le croire autorisé à représenter la société dans toutes les affaires courantes.

Si la société veut diminuer les pouvoirs qu'elle a accordés à ses administrateurs délégués ou à son directeur, elle doit avertir les tiers. Une simple délibération du conseil d'administration ne suffirait pas si elle modifiait les statuts (1), ou si elle n'avait pas reçu une publicité suffisante.

---

administrateurs, si les statuts permettaient au Conseil d'administration de déléguer ces pouvoirs à un seul de ses membres, cette clause autorisait implicitement les tiers de bonne foi à traiter avec un seul administrateur pour les affaires courantes de gestion. (Paris, 23 février 1883, *Journal des Sociétés* 1883, p. 461). L'arrêt fait remarquer qu'il s'agissait dans l'espèce d'une opération peu importante.

D'après un arrêt de cassation belge (29 novembre 1877), lorsque les statuts portent que le directeur gérant est nommé par le Conseil d'administration, on doit considérer comme valablement investi de cette qualité celui qui en a rempli les fonctions avec l'assentiment des administrateurs, bien qu'il ne soit pas établi qu'il ait été nommé dans les formes prescrites par les statuts.

Mais, en général, on peut opposer aux tiers les dispositions de statuts que la loi de 1867 (art. 63) leur permet de consulter (Cass. 9 juillet 1872, D. P. 1872. 1. 404).

(1) Paris, 31 mars 1883, *Journal des Sociétés* 1883, p. 463.

35. — Lorsque les administrateurs veulent faire, dans l'intérêt de la société, des actes qui excèdent leurs pouvoirs, ils doivent en demander l'autorisation à l'assemblée générale. Par exemple, s'ils veulent aliéner un immeuble qui n'est plus nécessaire à l'entreprise sociale ou contracter un emprunt.

En règle générale, l'assemblée ordinaire qui se réunit chaque année peut les autoriser par une décision prise à la majorité de ses membres. Elle possède, en dehors du droit d'administration qu'elle délègue aux administrateurs, le droit de disposition qu'ils n'ont pas et peut leur permettre d'emprunter, d'hypothéquer ou d'aliéner (1). Seulement le mandat qui permet d'hypothéquer doit être donné par elle dans la forme authentique. Un mandat sous seing-privé ne suffirait pas (2).

Si l'acte proposé par le conseil d'admistration entraînait une modification aux statuts, le consentement de l'assemblée annuelle ne suffirait pas ; il faudrait réunir une assemblée générale extraordinaire, conformément à l'article 31 de la loi de 1867 qui est ainsi conçu : « Les assemblées qui ont à dé-« libérer sur des modifications aux statuts ou sur « des propositions de continuation de la société au-« delà du terme fixé pour sa durée, ou de dissolu-

---

(1) Cass. 7 mai 1844, D. P. 1851. 5. 494 et 3 mai 1853, S. 1853. 1. 617.

(2) Paris, 5 juillet 1877, S. 1877. 2. 295. — Cass. 15 novembre 1880, D. P. 1881. 1. 253.

« tion avant ce terme, ne sont régulièrement cons-
« tituées et ne délibèrent valablement qu'autant
« qu'elles sont composées d'un nombre d'action-
« naires représentant la moitié au moins du capital
« social. »

36. — Nous croyons que la majorité de cette assemblée a le droit de modifier les statuts, alors même qu'ils ne lui ont pas réservé ce droit. On a soutenu au contraire que si les statuts n'ont rien dit, la révision du pacte social doit être consentie par tous les associés (1). Mais les termes généraux de l'article 31 n'autorisent pas cette restriction qui deviendrait insupportable dans la pratique (2). Avant la loi de 1867, on s'était plaint de la résistance obstinée de quelques actionnaires qui avaient empêché les plus utiles réformes. Il avait fallu parfois acheter leur consentement. Il semble bien que le législateur ait voulu empêcher de pareils abus en décidant qu'à l'avenir la majorité d'une assemblée délibérant dans des conditions spéciales pourrait accomplir les changements nécessaires.

Il résulte très nettement des travaux préparatoires qu'on a voulu déroger aux règles du droit commun d'après lesquelles l'unanimité était nécessaire, quand

(1) Pont, n° 1688. — Labbé, Note dans Sirey, 1881. 1. 443. — Voyez aussi les conclusions de M. l'avocat-général Hémar, S. 1876. 2. 117. — Dans cette opinion, la loi de 1867 aurait réglé la composition des assemblées générales sans changer leurs attributions.

(2) Lyon-Caen et Renault, n° 491. — Mathieu et Bourguignat, n° 202.

les statuts ne disaient pas le contraire. Le rapport de M. Mathieu au Corps législatif s'exprimait en ces termes : « Quand les actionnaires sont appelés à délibérer... sur des modifications aux statuts, sur des propositions de continuation de la société au delà du terme fixé pour sa durée, ou de dissolution avant ce terme, la gravité des résolutions à prendre ne permet pas de s'en tenir à ces procédés sommaires. Il ne s'agit pas alors d'actes ordinaires de la vie sociale prévus par la convention, il s'agit de modifier et de créer et, si l'on appliquait rigoureusement les principes, il faudrait exiger le consentement unanime des actionnaires. Mais cette rigueur conduirait à une impossibilité et elle doit fléchir sous la nécessité. »

Dans toute la discussion, on a répété que l'article 31 consacrait une dérogation aux principes (1). Cela ne serait pas s'il permettait seulement à la majorité des actionnaires d'user d'un droit qu'elle trouve dans les statuts.

37. — L'assemblée générale ne peut voter que des modifications aux statuts ; elle ne peut pas changer les bases de la société. Pour un tel changement, le consentement unanime des actionnaires serait nécessaire (art. 1134 du Code civil), alors même qu'une clause des statuts aurait attribué à l'assemblée les pouvoirs les plus étendus. Celle-ci, par exemple, qui

---

(1) Tripier, t. II, p. 187 à 201.

est très usitée dans la pratique (1) : « L'assemblée générale peut apporter toute modification aux présents statuts; elle peut dissoudre la société, proroger sa durée, augmenter ou diminuer le capital social, modifier la forme et la coupure des titres, accepter tous apports nouveaux, voter toutes réunions, fusions ou alliances avec d'autres compagnies. » Cette clause sera restrictivement interprétée. Les résolutions qu'elle prévoit pourront être prises par la majorité des actionnaires; mais on ne pourra par analogie l'autoriser à en prendre d'autres qui transformeraient le pacte social. Lorsqu'il s'agit de substituer à l'ancienne société une société nouvelle, la majorité ne peut pas lier la minorité à un contrat qu'on n'avait pas prévu (2).

Sauf stipulation contraire, l'assemblée générale ne peut changer que les clauses secondaires et non les clauses essentielles des statuts. Il est souvent difficile de distinguer les unes des autres. On considérera comme essentielles les clauses qui ont pu déterminer la formation du contrat; qui sont relatives à l'objet ou à la cause de l'obligation sociale. Sans objet ou sans cause, cette obligation ne subsisterait pas (3). Il ne sera donc pas permis d'exiger des actionnaires

(1) L. Lyon-Caen, *Journal des Sociétés*, 1880, p. 282.

(2) Ch. Ballot, *Revue pratique*, t. VI, p. 109 et sq. — Rouen, 19 juillet 1881, S. 1882. 2. 6.

(3) Conclusions de M. l'avocat-général Hémar, S. 1876. 2. 118.

plus qu'ils n'ont promis à la société, ni de diminuer les avantages que la société leur a promis.

Ainsi, la majorité ne pourrait pas ordonner de nouveaux appels de fonds, après l'entière libération des actions souscrites (1), ni imposer aux droits des actionnaires des restrictions qui ne seraient pas écrites dans les statuts. Elle ne pourrait pas créer des actions de priorité jouissant d'un droit de préférence sur les autres (2), ni changer le but de la société et par exemple transformer une maison de banque en une exploitation métallurgique (3), ou même autoriser à prêter sur une seule signature une maison de banque créée pour l'escompte à trois signatures (4). Elle pourrait seulement accomplir les changements qui rendraient plus facile ou plus avantageuse l'exécution du contrat, sans le dénaturer, par exemple modifier l'organisation intérieure de la société, étendre dans une certaine mesure les pouvoirs des admisistrateurs (5).

La pratique limite étroitement les pouvoirs de l'assemblée générale. La Cour de Paris déclarait dans un arrêt célèbre du 17 avril 1875 (S. 1876. 2. 113), « que le pouvoir de modifier les statuts étant une exception aux dispositions du contrat de société dans

(1) Lyon, 9 janvier 1870, S. 1870. 2. 235.

(2) Paris, 19 avril 1875, S. 1876. 2. 117.

(3) Cass. 17 avril 1855, S. 1855. 1. 652.

(4) Cass. 27 décembre 1853, S. 1854. 1. 433.

(5) Cass. 27 juin 1881, S. 1881. 1. 441.

lequel se sont engagées les parties doit toujours être entendu d'une manière restrictive; qu'en dehors des objets spéciaux sur lesquels le contrat aurait expressément permis de modifier les statuts, le pouvoir de modification ne peut s'appliquer qu'à des changements qui se feraient dans les limites des règles d'administration. » Et on refuse ordinairement à la majorité des actionnaires le droit d'augmenter ou de diminuer le capital social, de proroger ou de dissoudre avant terme la société (1), quand il n'est pas écrit dans les statuts.

38. — En résumé, les administrateurs peuvent faire trois sortes d'actes. Ils peuvent agir par eux-mêmes pour tout ce qui concerne l'administration. Ils peuvent agir en vertu d'une autorisation de l'assemblée générale ordinaire pour les actes qui, sans être contraires aux statuts, excèdent leurs pouvoirs. Enfin ils peuvent exécuter les délibérations de l'assemblée générale extraordinaire, lorsqu'il est utile de modifier les statuts, sans changer les conditions

(1) Houpin, *Journal des Sociétés*, 1880, p. 547. — Voyez cependant Tribunal civil de la Seine 24 juillet 1883, *Journal des Sociétés*, 1884, p. 112, et Tribunal de commerce 11 avril 1883, *Revue des Sociétés*, 1883, p. 465. — D'après un arrêt de cassation du 13 mars 1878 (D. 1878. 1. 316), « il appartient aux juges du fait de déclarer par une interprétation souveraine que les statuts sociaux, en donnant à l'assemblée le droit de délibérer sur la vente partielle ou totale ou sur la fusion de la société, lui reconnaissent implicitement le pouvoir d'augmenter le capital social par l'émission de nouvelles actions et d'autoriser tous emprunts. »

essentielles de la société. Dans ces limites, leur responsabilité est à couvert.

Les mêmes principes s'appliquent pour la ratification des actes accomplis par les administrateurs en dehors de leurs pouvoirs. Si ces actes demandaient le consentement de l'assemblée générale ordinaire, cette assemblée aura le droit de les ratifier. S'ils étaient contraires aux statuts, il faudra demander l'approbation d'une assemblée extraordinaire, et cette approbation ne suffira qu'autant que la clause des statuts qui aura été violée ne sera pas considérée comme essentielle au contrat de société. Sinon, le consentement unanime des actionnaires deviendrait obligatoire (1).

Il peut arriver que les administrateurs désirent se faire autoriser non pas seulement pour tel ou tel acte déterminé, mais pour toute une catégorie d'actes qu'ils ne pouvaient pas faire seuls. Par exemple s'il devient utile à la société qu'ils aient le droit d'emprunter ou d'hypothéquer. Ils pourront obtenir cette augmentation de pouvoirs d'une assemblée extraordinaire qui délibèrera dans les conditions prescrites pour la modification des statuts (2).

39. — Sur un point spécial, l'article 40 de la loi de 1867 a restreint les pouvoirs que le droit commun

---

(1) Dijon, 10 avril 1867, S. 1868. 2. 342. — Cass. 27 décembre 1853, D. P. 1854. 1. 43.

(2) Paris, 7 août 1880, S. 1881. 2. 93.

accordait aux administrateurs. Cette disposition a son origine dans la loi du 29 mai 1863, dont l'article 23 était ainsi conçu : « Il est interdit aux administrateurs de prendre ou de conserver un intérêt « direct ou indirect dans une opération quelconque, « faite avec la société ou pour son compte, à moins « qu'ils n'y soient autorisés par l'assemblée générale « pour certaines opérations spécialement déterminées. » On avait voulu éviter que les administrateurs ne fussent placés entre leur intérêt et celui de la société et on leur défendait en principe toute opération avec elle.

L'expérience prouva que cette règle était trop absolue. « On a vu, disait l'exposé de motifs de la loi de 1867, des sociétés de crédit trouver difficilement des administrateurs parmi ceux qui auraient été les plus capables de les bien administrer, parce que, en présence de la prohibition de faire une opération quelconque avec la société, aucun associé n'était disposé à accepter une mission qui l'empêchait de participer aux avantages offerts à tous les autres. La faculté de demander et d'obtenir l'autorisation de l'assemblée générale n'était qu'une ressource inutile; il fallait en effet que l'autorisation fût accordée pour chaque opération spécialement déterminée; or cela était impossible, par exemple pour des opérations d'escompte pouvant se renouveler chaque jour. » On diminua donc la rigueur de la loi. L'interdiction ne porte plus aujourd'hui sur chaque opération ; elle est limitée aux contrats qui impliquent une série d'opérations. »

« Il est interdit aux administrateurs, dit l'art. 40, « de prendre ou de conserver un intérêt direct ou « indirect dans une entreprise ou dans un marché « fait avec la société ou pour son compte, à moins « qu'ils n'y soient autorisés par l'assemblée géné- « rale. — Il est, chaque année, rendu à l'assemblée « générale un compte spécial de l'exécution des mar- « chés ou entreprises par elle autorisés, aux termes « du paragraphe précédent. »

Cette disposition, disait le rapporteur de la loi, prévoit des conventions d'une importance notable et d'une durée assez longue, ayant pour objet des transports, des travaux, des fournitures. Des opérations isolées, telles que l'achat ou la vente des marchandises, l'escompte du papier, ne seraient pas interdites, bien que souvent répétées. Au contraire, il sera défendu aux administrateurs de se charger d'une construction avec la série de travaux qu'elle comporte, d'une fourniture au mois ou à l'année, d'un contrat d'assurances.

L'article 40 ne s'applique qu'aux marchés et aux entreprises conclus de gré à gré, non pas à ceux qui se font par adjudication, avec publicité et concurrence. Les motifs de l'interdiction ne s'appliquent pas à ce marché et il a été convenu dans la discussion au Corps législatif que les administrateurs pourraient y prendre part (1).

(1) Tripier, t. I, p. 46.

10. — La loi leur défend de prendre ou de conserver un intérêt direct ou indirect, dans les opérations que nous venons de déterminer. Il y aura intérêt direct toutes les fois qu'ils seront eux-mêmes mêlés à ces opérations; intérêt indirect lorsqu'ils devront seulement en profiter. Mais, malgré la formule très générale de la loi, on ne devra pas appliquer la prohibition à toute espèce d'intérêt. Les administrateurs d'une société sont souvent actionnaires d'un grand nombre d'autres qui ont des rapports obligés et fréquents avec elle. On ne peut les forcer à placer tous leurs capitaux dans la même affaire. On tiendra compte seulement d'un intérêt considérable, par exemple s'ils sont administrateurs de deux sociétés qui doivent traiter ensemble (1) ou s'il possèdent un grand nombre d'actions.

Il faut conclure des termes employés par la la loi, que l'affaire ne peut être ni commencée, ni continuée par un administrateur qui y serait intéressé. Elle ne peut pas être commencée, et par conséquent, l'administrateur ne la rendrait pas régulière en donnant sa démission après l'avoir conclue pour le compte de la société. Elle ne peut pas être continuée, et par conséquent celui qui deviendrait administrateur, après avoir traité avec la société, devrait obtenir de l'assemblée générale une nouvelle approbation au contrat. Il serait à craindre en effet que les intérêts de

(1) Tripier, t. II, p. 237.

la société, bien défendus à l'origine, ne fûssent dès lors plus mal surveillés.

41. — La prohibition que nous venons d'étudier peut être levée à deux conditions. Il faut que l'assemblée des actionnaires autorise le marché et qu'il lui soit rendu un compte spécial de son exécution. Si l'assemblée n'a pas été consultée, le contrat passé avec un administrateur pourra être annulé sur la demande de la société (art. 1596 du Code civil). Passé avec des tiers de bonne foi, il sera maintenu, mais l'administrateur qui y avait un intérêt pourra être condamné à des dommages et intérêts.

S'il n'est pas rendu compte à l'assemblée de l'exécution du contrat, les administrateurs et les commissaires de surveillance qui doivent s'acquitter de ce devoir seront responsables du préjudice causé par cette omission.

Enfin si le contrat passé avec un administrateur avant sa nomination est indûment continué par lui après son entrée en fonctions, il ne cessera pas d'être valable. Mais la société pourra demander à son administrateur des dommages-intérêts et la résiliation d'un traité qui ne présente plus des garanties suffisantes.

Dans tous ces cas, les dommages-intérêts ne sont naturellement dûs que si la société a éprouvé un préjudice; et ils peuvent n'être pas égaux à tout le préjudice causé. Ils ne doivent pas comprendre la réparation des pertes causées par un cas fortuit.

42. *Législations étrangères.* — Les lois étrangères ont réglé plus complètement que la nôtre les pouvoirs des administrateurs. La loi belge (art. 44) pose le principe : « A défaut de dispositions contraires dans les statuts, les administrateurs ont le pouvoir de faire tous actes d'administration et de soutenir toutes actions au nom de la société, soit en demandant, soit en défendant. » La loi suisse ajoute qu'ils doivent agir ensemble (art. 651) : « Sauf disposition contraire des statuts, la société n'est valablement représentée vis-à-vis des tiers et engagée par la signature de ses administrateurs qu'autant qu'ils ont agi et signé collectivement ». Le Code allemand contient une disposition semblable (art. 229, al. 1).

Le Code allemand contient de plus une disposition toute particulière sur les effets des actes accomplis par les administrateurs. Partant de cette idée que les tiers ne peuvent se renseigner sur leurs pouvoirs, il décide que leurs actes obligent la société alors même que les statuts stipuleraient le contraire.

D'après l'art. 231, les administrateurs sont tenus envers la société d'observer les limites que les statuts ou une délibération de l'assemblée générale ont tracées à leur pouvoir de représenter la société. Mais ces limites n'ont pas d'effets contre les tiers. Par exemple, dans le cas où il ne serait permis aux administrateurs de représenter la société que dans certaines affaires, ou dans certaines catégories d'affaires, dans certains cas, dans certains lieux, pour un cas déterminé, ou bien encore si le consentement de l'assemblée générale ou du conseil de surveillance est exigé pour de certaines opérations.

On étend cette disposition aux actes mêmes qui dépassent les limites de l'administration, tels que l'aliénation ou l'hypothèque des immeubles. Il résulte des travaux préparatoires que le législateur a voulu donner aux administrateurs vis-à-vis des tiers un pouvoir illimité et que tous leurs actes, pourvu qu'ils se rattachent aux affaires sociales, obligent la société (1). Il n'y a d'exception que pour le cas où les tiers se seraient concertés frauduleusement avec eux. Les jurisconsultes allemands protestent avec raison contre ces effets exorbitants qu'on fait produire sans nécessité aux actes des administrateurs. La société peut être ruinée par eux sans avoir aucun moyen de l'empêcher (2).

Il vaut bien mieux, comme dans notre loi, rendre les statuts opposables aux tiers et leur en faciliter la connaissance.

Le Code suisse a cependant reproduit, avec quelques restrictions, la disposition du Code allemand (art. 654) : « La société est tenue des actes accomplis dans les limites de leur mandat par ceux qui la représentent. — On ne peut à l'égard des tiers de bonne foi, valablement restreindre les attributions

---

(1) Renaud, *das Recht der Actiengesellschaften*, p. 583.

(2) Renaud, p. 579.

de ses représentants quant à l'étendue de certaines opérations ou quant à l'époque ou au lieu où ils doivent agir. Toutefois il est loisible de les obliger à ne signer que collectivement, et le droit de représentation conféré aux directeurs d'une succursale ayant un siège distinct, peut être limité à la gestion des affaires concernant cette succursale. »

Le Code italien (art. 150) et la loi belge (art. 50) ont prévu le cas où un des administrateurs aurait dans l'affaire un intérêt contraire à celui de la société. Ils n'interdisent pas en principe cette affaire, mais prescrivent à l'administrateur intéressé, d'avertir ses collègues et de ne pas prendre part à la délibération. Cette disposition paraît plus avantageuse que celle de notre article 40, en ce qu'elle peut s'appliquer non-seulement aux marchés et entreprises, mais à toutes les opérations, même isolées, qui ont une certaine importance (1). Le Code italien exige d'ailleurs que les commissaires de surveillance soient avertis, et lorsqu'ils n'ont pas approuvé l'opération, rend les administrateurs responsables du dommage qui en résulterait pour la société.

Les pouvoirs de l'assemblée des actionnaires ont été diversement organisés par les lois étrangères, qui lui accordent, en général, des droits assez étendus. Le Code suisse (art. 644) l'autorise à modifier les statuts, à augmenter ou à réduire le capital social

(2) Guillery, *Des Sociétés commerciales en Belgique*, t. II, p. 337.

(art. 626), à étendre les opérations, mais à condition de respecter les droits acquis aux actionnaires et de ne pas changer le but de la société (art. 627). Le Code allemand dit aussi que l'objet de la société ne pourra être changé, ni sa fusion avec une autre société décidée par la majorité, à moins de stipulation contraire (art. 215).

D'après l'art. 57 de la loi belge, l'assemblée peut modifier les statuts, mais non changer l'objet essentiel de la société. Aucune modification n'est admise que si elle est votée par les trois quarts des voix, l'assemblée représentant la moitié au moins du capital social. Le Code italien (art. 158) permet à l'assemblée de changer même l'objet de la société, de décider la reconstitution ou l'augmentation de son capital, sa continuation au-delà du terme fixé ou sa fusion avec une autre société, mais il accorde aux actionnaires opposants, dans le cas où ces changements n'ont pas été prévus par les statuts, le droit de se retirer de la société et d'obtenir le remboursement de leurs actions, en proportion de l'actif social calculé d'après le dernier bilan.

C'est un moyen ingénieux de concilier les droits des actionnaires avec la liberté d'action utile à la majorité. Pour que la société ne soit pas tenue trop longtemps en suspens, les actionnaires présents à l'assemblée doivent signifier leur retraite dans les vingt-quatre heures, sous peine de déchéance, les autres, dans le mois qui suit la publication des résolutions prises par la majorité.

RESPONSABILITÉ DES ADMINISTRATEURS

---

43. — Lorsque les administrateurs ne s'acquittent pas de leurs obligations, ou s'en acquittent mal, ils engagent leur responsabilité. Cette responsabilité les oblige le plus souvent à réparer le dommage qu'ils ont causé; quelquefois elle les rend passibles de peines correctionnelles. Nous parlerons d'abord de la responsabilité civile qui est la plus ordinaire.

On distingue ordinairement le cas où les administrateurs sont rendus responsables de la nullité de la société et le cas où ils ont commis des fautes dans leur gestion. La loi semble avoir fait cette distinction dans les articles 42 et 44 et, d'après l'opinion dominante, elle a établi des règles différentes pour les deux cas.

Nous suivrons dans la forme cette division traditionnelle, mais nous ne la croyons pas exacte au fond. Les deux responsabilités différentes des administrateurs sont, suivant nous, celle qui résulte de leurs délits ou quasi-délits, et celle qui résulte de leurs fautes contractuelles. La responsabilité pour cause de nullité n'est qu'une espèce de la première catégorie.

CHAPITRE VI.

RESPONSABILITÉ POUR CAUSE DE NULLITÉ.

44. — L'article 42 est ainsi conçu : « Lorsque la « nullité de la société ou des actes et délibérations a « été prononcée aux termes de l'article précédent, les « fondateurs auxquels la nullité est imputable et les « administrateurs en fonctions au moment où elle a « été encourue, sont responsables solidairement en- « vers les tiers, sans préjudice des droits des action- « naires. » — L'article 41 prononce la nullité de toute société anonyme pour laquelle n'ont pas été observées les dispositions des articles 22, 23, 24 et 25 de la loi, déterminant les conditions sans lesquelles la société ne peut se constituer. Nous avons dit plus haut quelles sont ces conditions.

L'article 42 prévoit donc deux hypothèses : la nullité de la société qui n'a pas réuni les conditions intrinsèques nécessaires à sa constitution et la nullité des actes et délibérations. Une troisième hypothèse est possible, la nullité de la société pour défaut de publication (art. 55 et 56).

Ces trois cas de nullité étaient prévus dans l'article 25 de la loi du 29 mai 1863, dont notre article est, pour tout le reste, l'exacte reproduction. L'article 24 de cette loi disait en effet : « Est nulle et de nul effet à l'égard des intéressés, toute société à responsabilité limitée, pour laquelle n'ont pas été observées les dispositions des articles 1, 3, 4, 5, 6, 7, 8 et 9. — Sont également nuls les actes et délibérations désignés dans l'article 10, s'ils n'ont point été déposés et publiés dans les formes prescrites par les articles 8 et 9. » L'article 25 ajoutait : « Lorsque la nullité de la société ou des actes et délibérations a été prononcée aux termes de l'article 24 ci-dessus, les fondateurs auxquels la nullité est imputable et les administrateurs en fonctions au moment où elle a été encourue sont responsables solidairement et par corps envers les tiers, sans préjudice des droits des actionnaires. »

Les art. 37 et 38 du premier projet de la loi de 1867, devenus plus tard les art. 41 et 42, étaient conçus en termes identiques et mentionnaient le cas où la société serait nulle faute de publicité. Ils furent modifiés à la demande du Conseil d'État qui proposa de reporter ce paragraphe au titre IV de la loi, contenant les règles générales de la publicité (art. 56 et 61) (1). Le retranchement devait enlever aussi la disposition relative à la nullité des actes et délibérations qui n'auraient pas été publiés. Cette disposition disparut, en effet, de l'art. 41 ; mais elle fut maintenue par erreur dans l'art. 42, d'où il faut, pour la comprendre, se reporter, non pas à l'art. 41,

(1) Tripier, t. I, p. 180.

mais à l'art. 61 qui ordonne à peine de nullité la publication des actes et délibérations ayant pour objet la modification des statuts, la continuation de la société au-delà du terme fixé pour sa durée, la dissolution avant ce terme et le mode de liquidation (1).

45. — Cette inadvertance a donné lieu à une question controversée. Faut-il appliquer l'art. 42 à la nullité des actes et délibérations? Il semble bien que le législateur n'a pas voulu changer la sanction qu'il attachait aux règles de publicité. Il a seulement voulu lui donner une autre place (2). On devrait donc lire l'art. 42 de la manière suivante. « Lorsque la nullité de la société a été prononcée, aux termes de l'article précédent (pour vices de constitution), ou celle des actes et délibérations aux termes de l'art. 61 ci-après (pour défaut de publicité), les fondateurs auxquels la nullité est imputable et les administrateurs en fonctions au moment où elle a été encourue sont responsables, etc., (3). »

Mais la jurisprudence, comme nous le verrons bientôt, fait de l'art. 42 une disposition exceptionnelle et très rigoureuse. Elle est donc obligée de l'interpréter restrictivement, et, dans le doute, de ne pas l'appliquer à la nullité des actes et délibéra-

(1) Mathieu et Bourguignat, p. 207.

(2) Mathieu et Bourguignat, p. 207 *in fine*.

(3) Pont, n° 1290.

tions. C'est ce qu'a fait un arrêt de cassation du 16 janvier 1878 (D. 1878. 1. 209). « Ces mots : nullité des actes et délibérations, disait le rapport de M. le conseiller Cantel, n'ont évidemment plus de sens dans la rédaction actuelle. En effet, la nullité dont l'art. 42 règle les effets, est celle qui a été prononcée aux termes de l'article précédent, lequel ne parle que de la nullité du pacte social et non de celle des délibérations. »

A plus forte raison, la jurisprudence ne devrait pas appliquer l'art. 42 à la nullité de la société encourue pour défaut de publicité, et dont notre article ne dit pas un mot. Il faut, dans son système, distinguer deux sortes de nullité : celle qui tient à des vices de constitution et dont les administrateurs sont responsables dans les termes de l'art. 42; celle qui tient au défaut de publicité et dont les administrateurs sont responsables suivant le droit commun. On voit que nous sommes loin de la sanction unique établie par la loi de 1863.

Ni la loi de 1863, ni celle de 1867 n'ont prévu la nullité des actes et délibérations pour une cause autre que le défaut de publicité : par exemple, celle qui résulterait de ce que l'assemblée générale qui a voté une modification des statuts était incompétente ou irrégulièrement composée (1). La responsabilité

(1) D'après M. Mathieu (p. 208), l'art. 42 comprendrait cette hypothèse. Ce serait logique, mais rien, ni dans le texte de cet ar-

des administrateurs en pareil cas sera donc réglée par le droit commun. Nous verrons tout à l'heure que la jurisprudence fait une exception pour les augmentations de capital.

46. — Quels sont les administrateurs responsables de la nullité ?

Ce sont, dit l'article 42, les administrateurs en fonctions au moment où la nullité a été encourue. Cette disposition s'appliquerait sans difficulté à la nullité encourue pour défaut de publication, soit de l'acte de société, soit des actes postérieurs, les administrateurs étant chargés de faire la publication. Elle s'appliquerait aussi à la nullité des délibérations d'une assemblée générale irrégulière. Mais, nous l'avons déjà dit, d'après la jurisprudence, ces hypothèses ne sont pas régies par l'article 42.

Pour donner un sens à cet article, la jurisprudence déclare les premiers administrateurs responsables des fautes commises par les fondateurs dans la constitution de la société. La question s'était élevée sous le régime de la loi de 1863. « L'article 25, disait la Cour de Paris, établit cumulativement la responsabilité solidaire des fondateurs et des administrateurs. Pour savoir si ces derniers sont responsables, il faut uniquement constater s'ils sont en fonctions au moment où la nullité est encourue. Or,

---

ticle, ni dans le texte des articles 24 et 25 de la loi de 1863, n'y fait allusion.

ce moment n'est pas celui où intervient la déclaration du versement du capital faite par les fondateurs, mais celui auquel la société est constituée : ce n'est pas en effet la nullité de la déclaration du versement, mais la nullité de la société qui est prononcée par la loi. Si le germe de cette nullité se trouve dans la déclaration inexacte des fondateurs, la cause déterminante est la constitution de la société avant le versement du quart du capital. La société ne peut être annulée avant d'avoir été constituée, et aux termes de l'article 6 de la loi du 23 mai 1863 (art. 25 de la loi de 1867), elle n'est constituée qu'après l'acceptation par les administrateurs des fonctions qui leur sont confiées. » (Paris, 28 mai 1869, D. 1869, 2, 147). Cette théorie a prévalu à plusieurs reprises devant la Cour de cassation (1).

On ajoute que les premiers administrateurs doivent vérifier l'accomplissement des formalités initiales; que si l'assemblée générale est chargée de s'assurer qu'elles ont été remplies, ils le sont à plus forte raison; qu'ils ne doivent pas accepter la direction d'une société sans être sûrs qu'elle a une existence légale (2).

Cette interprétation de l'article 42 n'a pas convaincu tout le monde. On l'a trouvée avec raison

---

(1) Cass. 27 janvier 1873, S. 1873. 1. 163. — Cass. 13 mars 1876, D. 1877. 1. 49. — Cass. 1er et 14 novembre 1876, D. 1877. 1. 49; 25 février 1879, D. 1880. 1. 20.

(2) Boistel, p. 221. — Lyon-Caen et Renault, n° 472.

trop ingénieuse. Quand on y pense sans parti pris, ces mots « le moment où la nullité a été encourue » semblent bien indiquer le moment où la faute a été commise. Et les rédacteurs de la loi de 1863 ont déclaré à plusieurs reprises que leur intention était de limiter la responsabilité à ceux auxquels elle est réellement imputable. Des dissentiments se sont même manifestés dans la jurisprudence. Un jugement du tribunal de Montpellier, confirmé par la Cour par adoption de motifs, a remarqué que l'opinion dominante « qui force le sens naturel des termes, est combattue par le rapprochement de l'article 42 et de l'article 8 ; que ce dernier article, en effet, voulant imposer aux membres des conseils de surveillance des sociétés en commandite la responsabilité résultant des violations des quatre premiers articles de la loi, n'a nullement restreint cette responsabilité au cas où ils seraient en fonctions lorsque la nullité a été encourue, mais les a déclarés purement et simplement engagés par l'inaccomplissement des formalités prescrites par ces articles ; que cette rédaction aurait été reproduite dans l'article 42, si la loi avait voulu faire peser la même obligation sur les administrateurs des sociétés anonymes ; que du reste, ce qui prouve encore que telle n'a pas été l'intention du législateur, c'est l'article 6 qui impose au premier conseil de surveillance des sociétés en commandite le soin d'examiner si les dispositions des articles précédents ont été observées, obligation qu'aucune disposition n'impose aux administrateurs des sociétés anonymes (1). »

Mais à ce compte, quels sont donc les administrateurs que l'article 42 déclare responsables? On a songé aux administrateurs désignés par les statuts et dont la nomination ne doit pas être soumise à l'assemblée générale. Ils sont en fonctions avant la naissance de la société et doivent surveiller les actes des fondateurs. Il faut surtout se rappeler que le remaniement subi par l'article 41 a enlevé à notre article, en ce qui concerne les administrateurs, ses applications les plus importantes.

47. — Si les premiers administrateurs ne sont pas responsables d'une nullité qu'ils n'ont pas dû connaître, ils sont responsables de celle qu'ils ont connue, sans en avertir les actionnaires et les tiers. Cette responsabilité s'étendrait même aux administrateurs nommés dans la suite, qui, par une faute lourde, auraient indûment prolongé l'existence de la société, traité en son nom, et par exemple émis des obligations restées impayées au jour de l'annulation. C'est ce qu'a jugé le tribunal de la Seine dans une affaire où les nullités constitutives étaient flagrantes et où les administrateurs devaient en avoir

---

(1) Montpellier, 5 février 1880, *Journal des Sociétés*, 1880, p. 193. — Voyez aussi un jugement longuement motivé du tribunal de Beauvais, *Journal des Sociétés*, 1884, p. 97. — Dans le même sens, Mathieu et Bourguignat, n° 243 ; Pont, n° 1294.

eu connaissance (1); ils furent condamnés à réparer le préjudice qu'ils avaient causé en perpétuant indûment la société.

On s'accorde généralement à soumettre les augmentations du capital social aux mêmes conditions que la constitution même de la société. Les administrateurs en fonctions sont responsables de la nullité encourue quand une de ces conditions fait défaut; ils jouent, en effet, pour les augmentations de capital, le même rôle que les fondateurs pour la constitution (2). Dans ce cas, comme dans le cas de nullité initiale, la jurisprudence applique aux administrateurs la responsabilité de l'art. 42; dans toutes les autres hypothèses, la responsabilité de droit commun à laquelle renvoie l'art. 44. Nous allons rechercher en quoi diffèrent les deux responsabilités.

48. — Rappelons d'abord que l'art. 42 est la reproduction littérale de l'art. 25 de la loi de 1863 (3). Voici comment M. Duvergier, un des principaux auteurs de la loi, a raconté la formation de ce dernier article :

« Ce n'était pas assez d'avoir prouvé la nullité de

---

(1) Jugement du 12 mars 1881. — Journal *La Loi* des 14-15 mars 1881.

(2) Paris, 28 mai 1869, D. 1869. 2. 145 et Cass. 27 janvier 1873, D. 1873. 1. 333. — Tribunal de commerce de la Seine, 14 septembre 1883, *Revue des Sociétés*, 1883, p. 746.

(3) Tripier, t. I, nos 83 et 432.

la société, il fallait déterminer sur qui pèserait la responsabilité en cas d'annulation. L'art. 12 du projet se bornait à dire : « Les administrateurs sont « responsables solidairement et par corps, envers « les tiers, de la totalité des dettes sociales, sans « préjudice des droits des actionnaires. »

La commission du Corps législatif a pensé que la responsabilité ne devait pas peser seulement sur les administrateurs ; qu'elle devait aussi, en certains cas, atteindre les fondateurs, mais qu'il n'était pas juste de déclarer les administrateurs et les fondateurs responsables, sans avoir égard à la cause de la nullité et à l'époque à laquelle elle avait été encourue, qu'il fallait distinguer et faire supporter par chacun, administrateur ou fondateur, les suites de la nullité qui pouvait être imputée à son fait ou à sa négligence.

La nouvelle rédaction (celle de l'art. 25) exprime clairement cette intention de répartir la responsabilité entre les fondateurs et les administrateurs et de la leur appliquer, selon que les uns ou les autres auront à s'imputer la nullité de la société.

Le projet déterminait l'effet de la responsabilité à l'égard des tiers ; il déclarait que les administrateurs étaient tenus au paiement de la totalité des dettes sociales.

Cette disposition a été modifiée, afin de laisser aux tribunaux le pouvoir de mesurer l'étendue de la responsabilité et de la proportionner au dommage qu'auront éprouvé soit les tiers, soit les associés.

La solidarité prononcée par l'article est conforme à la jurisprudence en matière de dommages-intérêts résultant d'un quasi-délit. Voyez notamment arrêt de la Cour de cassation du 20 juillet 1852 (Sirey, 1852. 1. 689)] (1).

Ainsi, on forma d'abord le projet d'établir contre les administrateurs responsables des nullités sociales une responsabilité exceptionnelle; mais on recula devant les conséquences qu'elle pouvait avoir et on se contenta de leur appliquer les règles du droit commun (2). L'art. 25 de la loi de 1863 ne contient pas autre chose, et comme il a passé sans interprétation nouvelle, sans débat (3), dans la loi de 1867, l'article 42 de cette loi n'est que l'expression du droit commun.

On dit ordinairement qu'il s'en sépare en prononçant une responsabilité obligatoire et solidaire (4). Nous ne contestons pas ces deux caractères, mais nous croyons qu'ils résultent précisément du droit commun. Les administrateurs dans notre hypothèse ont violé la loi qui leur imposait certains devoirs; ils sont donc toujours responsables, sans pouvoir oppo-

---

(1) Duvergier, *Bulletin des lois*, 1863, p. 387.

(2) Voyez dans M. Pont, n°s 1304 et 1306, les raisons de ce changement.

(3) Tripier, t. II, n° 3248.

(4) Pont, n° 1298.

ser leur bonne foi ou leur ignorance (1). De plus ils ont commis un délit ou tout au moins un quasi-délit et il est de principe qu'en pareil cas la responsabilité est solidaire (2). Les règles seraient les mêmes pour toute autre faute commise par eux en violation de la loi, par exemple la distribution de dividendes fictifs.

Il n'importe donc guère, à notre avis, de rechercher dans quels cas s'applique l'art. 42, et dans quels cas l'art. 44 de la loi de 1867. Dans tous les cas, la responsabilité des administrateurs est régie par le droit commun. On nous objectera que, dans ces conditions, l'art. 42 est inutile, sinon pour les fondateurs dont il n'est pas parlé ailleurs, du moins pour les administrateurs. Nous n'hésitons pas à le reconnaître. Nous avons vu que cet article remonte à la loi de 1863, que dans le projet de la loi il apportait une grave exception au droit commun et qu'on ne se décida pas à faire cette exception. Quand on modifia le projet, on ne songea pas qu'il était inutile de laisser une disposition à part pour la responsabilité en cas de nullité, si on ne le soumettait pas à des règles particulières. La loi de 1863 eut donc sur la responsabilité des administrateurs deux articles (25 et 27) qui appliquaient également le droit commun et la loi de 1867 suivit docilement son exemple.

---

(1) Lyon, 9 février 1883, *Journal des Sociétés*, p. 219.

(2) Aubry et Rau, *Droit civil*, t. IV, p. 22. — Cass. 30 décembre 1872, D. 1873. 1. 335. — Cass. 15 janvier 1878, S. 1878. 1. 273. — Cass. 12 janvier 1881, S. 1882. 1. 23.

Sans doute, il faut le moins possible dire que le législateur s'est répété. Mais lorsqu'il nous en donne la preuve, il faut l'avouer. Cela vaut mieux que méconnaître sa volonté, faire violence au texte et donner un sens particulier à des dispositions qui ne l'ont pas.

49. — La jurisprudence n'a pas été de cet avis. Elle a fait de l'art. 42 une disposition exceptionnelle et rigoureuse contre laquelle se sont élevées de nombreuses protestations (1). D'après son interprétation les administrateurs seraient obligés envers les tiers, lorsque la nullité de la société a été prononcée, d'acquitter toutes les dettes sociales, et non pas seulement de réparer le préjudice causé par leur faute.

Si l'on suppose, par exemple, qu'une société, ait été constituée avant que tous les actionnaires aient opéré le versement du quart, que cette société après quelque temps d'existence, fasse de mauvaises affaires et soit mise en faillite, les administrateurs seront condamnés à payer toute la différence entre le passif et l'actif, sans qu'il y ait lieu de rechercher si les pertes résultent de leur faute ou d'un cas fortuit (2).

(1) Presque toute la doctrine a protesté. — Vavasseur, n° 346. — Pont, n° 1306. — Lescœur, n° 307. — Boistel, p. 216. — Il faut joindre à ces autorités celle de MM. Duvergier et Mathieu qui ont déposé dans ce débat, *moins comme jurisconsultes que comme témoins*. (Consultation pour la Société bordelaise.)

(2) Cass. 13 mars 1876, D. 1877. 1. 50. — Paris, 13 janvier 1882, D. 1883. 2. 73. — Lyon, 9 février 1883, *Journal des Sociétés*, 1883, p. 181.

En d'autres termes, la jurisprudence rétablit cette disposition que les rédacteurs de la loi de 1863 avaient effacé du projet : « Les administrateurs sont responsables envers les tiers de la totalité des dettes sociale. » Il faut, dit-elle, faire une différence entre les deux articles qui déterminent la responsabilité des administrateurs. Nous avons répondu à cet argument.

On ajoute que le texte même de l'art. 42 montre la différence. « Les administrateurs sont responsables solidairement envers les tiers, sans préjudice des droits des actionnaires. » La loi distingue les droits des tiers et ceux des actionnaires. Il y a donc deux responsabilités qui n'ont pas la même étendue (1). L'historique de la loi ne nous permet pas d'admettre ce raisonnement. Le projet qui mettait à la charge des administrateurs la totalité des dettes sociales, devait séparer les droits des tiers et ceux des actionnaires ; de là vient la rédaction actuelle. On aurait pu, en modifiant le projet, faire cesser la séparation, mais nous savons que le législateur est très avare de changements. Il se contenta de rayer ces mots : « *la totalité des dettes sociales* », et après tout cela devrait suffire.

S'il y avait doute, il faudrait d'ailleurs appliquer le droit commun. L'article 1382 du Code civil dit expressément que la réparation se mesure au dommage

---

(1) Lyon-Caen et Renault, nº 473.

causé et cela résulte de la nature même des choses. Toute disposition qui établirait une responsabilité plus étendue établirait une pénalité et devrait le faire en termes précis, car les peines ne se présument pas.

La jurisprudence invoque enfin une raison de principe. En principe tout associé qui traite avec les tiers s'oblige personnellement ; les administrateurs d'une société anonyme ne sont affranchis de cette règle que dans des conditions déterminées ; si ces conditions font défaut la règle reprend son empire et les administrateurs sont personnellement obligés. « Ils sont substitués, dit la Cour de cassation, à l'être moral qui, par leur faute ou leur négligence, est reconnu n'avoir pas d'existence légale et sont tenus des mêmes obligations (1). »

Nous répondrons d'abord que ce raisonnement ne peut pas s'appliquer aux fondateurs de la société qui n'ont pas traité avec les tiers et cependant sont déclarés responsables par l'article 42 dans les mêmes termes que les administrateurs. Ensuite, que la société anonyme ne cesse pas d'exister à l'égard des tiers, auxquels la nullité n'est pas opposable. Les tiers retiendront pour se payer l'argent versé par les actionnaires et, quand les actions ne seront pas complètement libérées, feront des appels de fonds. Si de

(1) Cass. 27 janvier 1873, S. 1873. 1. 163, — Paris, 28 mars 1869, D. 1869. 2. 145. — L. Choppard, *Revue critique de législation et de jurisprudence*, 1878, p. 65 et sq.

plus les administrateurs sont déclarés indéfiniment responsables envers eux, comme associés en nom collectif, on aura fait deux sociétés d'une seule. D'abord une société anonyme formée par les actionnaires; ensuite une société en nom collectif formée par les administrateurs (1). Les créanciers sociaux pourront s'adresser à l'une et à l'autre; ils n'auront pas à se plaindre.

La vérité, c'est que les conventions doivent être exécutées comme l'ont voulu les parties et que les tiers ne doivent pas recevoir plus qu'on ne leur a promis (2). Supposons une société fondée au capital de un million, divisé en deux mille actions de 500 fr. Deux cents de ces actions n'ont pas été souscrites et la société tombée en faillite est déclarée nulle. Que pourront demander les créanciers? que les fondateurs et administrateurs soient déclarés responsables des actions non souscrites, afin de parfaire le capital. De plus, qu'ils réparent le préjudice causé par leur faute si les vices originaires de la société lui ont nui. Mais si elle a été ruinée pour d'autres causes, par un cas fortuit, les tiers n'auront pas droit au paiement intégral de créances qui dépassent le capital, qui s'élèvent peut-être à deux millions. On leur a promis une garantie de un million; si la nul-

(1) Tribunal de commerce de Lyon, 9 janvier 1883, *Journal des Sociétés*, 1883, p. 147 et sq.

(2) Voyez sur ce point M. Pont, p. 371.

lité de la société ne doit pas la diminuer, elle ne doit pas non plus la doubler.

50. — La Cour de Paris a tiré à bon droit cette conséquence de son principe, que les administrateurs responsables de la nullité, étant considérés comme des associés en nom collectif, peuvent être déclarés en faillite et que leur faillite remonte au même jour que celle de la société (1). Les circonstances dans lesquelles l'arrêt a été rendu étaient, il est vrai, très défavorables au conseil d'administration, qui avait connu la nullité et géré constamment la société en violation de ses statuts. Mais si le principe était vrai, il faudrait en appliquer les conséquences dans tous les cas ; dans tous les cas, les administrateurs seraient indéfiniment responsables et menacés de la faillite. C'est une règle absolue, qui ne peut se plier aux circonstances.

Nous voulons au contraire, avec le droit commun, proportionner la peine à la gravité de la faute et au dommage causé. Les tribunaux pourront se montrer très sévères dans l'estimation de ce dommage. S'ils jugent que la société annulée n'était pas une entreprise sérieuse, qu'on a voulu tromper la confiance du public, ils condamneront les fondateurs et les administrateurs à payer toutes les dettes. De même, s'ils trouvent que la ruine de la société est venue de l'inaccomplissement des conditions légales ; par

---

(1) Paris, 3 mai 1881, *Journal des Sociétés*, 1881, p. 480 et sq.

exemple si, toutes les actions n'ayant pas été souscrites, le capital s'est trouvé insuffisant.

Mais les causes de nullité n'ont pas toujours d'influence sur les affaires sociales. Supposons que le versement du quart n'ait pas été entièrement effectué à l'origine et qu'il le soit plus tard, ou qu'au lieu d'être fait en numéraire, il ait été fait en valeurs qu'on a pu réaliser avantageusement par la suite. Dans les deux cas, la nullité n'est pas couverte, car elle est d'ordre public. Si cependant la société est déclarée nulle, cela ne suffira pas pour obliger les administrateurs à payer ses dettes. Il faudra rechercher quelles pertes leur sont imputables, et, si les pertes n'ont point de rapport avec la nullité, chercher dans les fautes de gestion le principe d'une responsabilité équitable.

51. — Nous avons vu que les administrateurs sont responsables de nullités sociales, à la fois envers les créanciers et envers les actionnaires (art. 42). Les conditions que la loi de 1867 a imposées à la fondation et à la transformation des sociétés anonymes ont été établies dans l'intérêt des uns et des autres : la loi n'a pas voulu qu'on pût attirer les capitaux dans des sociétés aléatoires, sans garanties et sans ressources. Jusqu'à présent nous avons étudié le droit des tiers, il nous reste à étudier la responsabilité des administrateurs envers les actionnaires, lorsque la société est déclarée nulle.

Tout le monde s'accorde pour appliquer ici le droit

commun, et mesurer la réparation au dommage causé. Les tribunaux rechercheront quel préjudice la nullité a causé à la société. Si elle prospérait, les administrateurs devront l'indemniser du tort que lui a fait sa dissolution. Si elle avait périclité, des pertes provenant des vices de sa constitution, et par exemple de l'exagération des apports non vérifiés ou de l'insuffisance du capital versé. Si la nullité n'a causé aucun préjudice, les administrateurs ne devront rien (1).

La nullité des actes et délibérations pourra, comme la nullité de la société, donner lieu à une réparation. Si une délibération portant réduction du capital social, n'est pas devenue opposable aux tiers pour n'avoir pas été dûment publiée, les administrateurs seront responsables envers les actionnaires soumis à un appel de fonds dont ils devaient se croire affranchis.

52. — Les actionnaires, en cas de nullité, réclament souvent le remboursement intégral de leurs actions, en disant que, s'ils avaient connu les irrégularités de la constitution, ils n'auraient pas souscrit ou acheté. En sorte que le dommage résultant pour eux de la faute des administrateurs est égal à toute la perte qu'ils ont éprouvée. Un arrêt de la Cour de Paris a admis cette prétention : « Considérant que, conformément aux principes du droit commun et aux

(1) Lyon, 9 février 1883, *Journal des Sociétés*, 1883, p. 220.

prescriptions de l'article 1382 du Code civil, il y a lieu de proportionner l'étendue de la responsabilité à l'importance du dommage souffert et à la gravité de la faute commise ; que X... a acheté cent actions libérées au prix de 520 francs, qu'il est certain qu'il n'aurait pas fait cet achat, s'il n'avait pas cru à la sincérité de la déclaration des fondateurs attestant que le quart du capital avait été versé, et accordé confiance à la délibération de l'assemblée générale constatant que la société était définitivement constituée (1). » Dans l'espèce, les fondateurs et administrateurs furent condamnés à rembourser non seulement le capital nominal des actions, mais le prix d'achat qui se trouvait supérieur.

Cette rigueur est justifiée lorsque les administrateurs ont été de mauvaise foi et que les actionnaires n'ont pu connaître la nullité. D'ordinaire la condamnation est moins sévère (2). Les actionnaires jouent

---

(1) Paris, 16 juillet 1869, et Cass. 30 décembre 1872, D. 1873. 1. 331.

(2) Paris, 13 janvier 1882, D. 1883. 2. 73 : « Considérant que les actionnaires n'ont droit, conformément aux principes du droit commun, lorsque la nullité de la société leur a causé un préjudice, qu'a des dommages-intérêts, à déterminer dans la mesure du préjudice éprouvé ; — Considérant que le fait du non-versement du quart du capital social a été sans doute l'une des causes de la ruine de la société, mais non la principale cause, et qu'il en a existé d'autres qui sont étrangères aux fondateurs eux-mêmes... ; — que dans ces circonstances, ils ne sauraient être tenus de rembourser aux actionnaires intervenants le prix intégral versé en paiement de leurs actions ; — que le préjudice à eux causé sera suffisamment réparé

eux-mêmes un rôle important dans la constitution et dans les transformations d'une société. Ils doivent examiner dans leurs assemblées si les conditions établies par la loi ont été observées, vérifier les déclarations faites par les fondateurs ou les administrateurs (art. 24). S'ils ont manqué à ce devoir on compensera les torts des administrateurs avec les leurs (1). Ainsi, dans le cas d'une société annulée parce que le versement en numéraire avait été remplacé par un transfert d'actions, la Cour de cassation a écarté la demande des actionnaires qui avaient cru comme les administrateurs que le transfert suffisait. (Cass. 15 juillet 1869, cité par Vavasseur, t. II, p. 446). De même, la Cour de Nîmes a déchargé de toute responsabilité envers les actionnaires, les administrateurs de bonne foi d'une société déclarée nulle parce que le versement du quart n'avait pas été effectué sur quelques actions. Elle a considéré que les actionnaires, n'ayant pas exercé un contrôle suffisant, étaient eux-mêmes responsables de la nullité (Nîmes, 21 janvier 1881. D. 1881, 2. 127).

---

par la condamnation envers chacun d'eux au paiement d'une somme de 25 francs par chaque action souscrite. — Par ces motifs, etc. »

(1) « Lorsqu'il y a eu faute, tant de la part de l'auteur d'un fait, que de la part de celui auquel ce fait a causé un dommage, la question de savoir s'il y a lieu à responsabilité et la fixation de la part d'indemnité qui peut être due, restent abandonnées à l'arbitrage du juge. » Aubry et Rau, t. IV, p. 755.

A plus forte raison, les actionnaires n'auraient-ils aucun recours s'ils avaient connu la nullité, sans faire de réclamation (1).

En général la responsabilité des administrateurs pour cause de nullité est solidaire, envers les actionnaires comme envers les tiers, car elle suppose qu'ils ont violé une prescription de la loi. Ils ont donc commis un délit ou un quasi-délit et, d'après la jurisprudence, sont obligés solidairement.

53. — Lorsqu'une condamnation solidaire a été prononcée, il reste à savoir comment elle se répartira entre les parties condamnées. Chacune d'elles peut être poursuivie pour le tout ; mais, après avoir payé, elle a ordinairement un recours contre ses codébiteurs. Dans quelle mesure ce recours existe-t-il entre les administrateurs responsables ?

En principe, la dette se divise entre eux par fractions égales, et celui qui a payé peut recourir contre les autres, chacun étant tenu pour une part virile (2). Il en est ainsi toutes les fois que la responsabilité paraît également partagée. Si elle n'est pas la même pour tous, les tribunaux peuvent ordonner une répartition inégale d'après les circonstances de fait et la part que chacun a prise à la faute commune (3). Ils tiennent compte pour cela de la bonne ou de la

---

(1) Cass. 3 juillet 1873, D. 1874. 1. 52.

(2) Art. 1213 du Code civil. — Aubry et Rau, t. IV, p. 31.

(3) Mathieu et Bourguignat, p. 210.—Aubry et Rau, t. IV, p. 22.

mauvaise foi des parties, des fonctions qui leur ont été confiées, du rôle qu'elles ont joué dans la société (1). Ils peuvent tenir compte aussi, si les administrateurs ont agi dans un but intéressé, de l'intérêt qu'avait chacun d'eux dans l'affaire et qui est proportionné au nombre de leurs actions (2).

Les administrateurs de bonne foi ont en outre un recours contre les fondateurs, pour tout le montant de la condamnation. C'est aux fondateurs que la loi impose l'observation des conditions constitutives;

(1) Par exemple, le tribunal de commerce de Grenoble a fait les distinctions suivantes : « Attendu que si les fondateurs auxquels la nullité est imputable et les administrateurs en fonctions au moment où elle a été encourue doivent être déclarés solidairement responsables de tout le passif social, il est cependant équitable de proportionner la part suivant laquelle chacun d'eux devra concourir à la reconstitution de l'actif à la gravité des fautes commises ; — que le tribunal a les éléments nécessaires pour faire cette répartition ; — Attendu que Boulle est celui qui a le plus contribué à mener la société en sa qualité de président chargé de la gestion; qu'il est un de ceux qui ont le plus poussé à la fondation de la société ; que sa production dans la faillite prouve qu'il a tiré profit de ses agissements... — qu'après lui vient J. Riboud contre lequel s'élèvent les mêmes griefs; que s'il n'a pas dirigé les opérations de la société, pendant sa durée, il a été un de ses fournisseurs habituels; — que J. Finet, etc., en qualité de fondateurs et administrateurs influents ayant fait leur possible pour prolonger l'existence de la société, au lieu d'en provoquer la liquidation, doivent avoir un position particulière, quoique moins chargée que ceux qui précèdent — Dit que Boulle aura à payer 30 0/0 du passif; J. Riboud 20 0/0; L. Tournon 15 0/0; J. Finet et B. Godard chacun 9 0/0; etc. » (Jugement du 3 février 1882, *Journal des Sociétés*, 1882, p. 206. — Voyez aussi l'arrêt confirmatif de la Cour, du 5 mai 1883, *Journal des Sociétés*, 1884, p. 136).

(2) Bordeaux, 9 mars 1874, *Journal du Palais*, 1876, p. 287.

ce sont eux qui font appel aux capitaux, reçoivent les souscriptions et les versements et les certifient. Les administrateurs n'ont qu'à vérifier leurs actes; ils ne sont pas les auteurs de la nullité. Dans le cas seulement où ils l'auraient connue à leur entrée en fonctions, ils devraient en partager la responsabilité (1).

54. — Nous dirons, pour résumer ce chapitre, que les administrateurs sont responsables des nullités sociales qu'on peut leur imputer, soit envers les tiers, soit envers les actionnaires. Leur responsabilité est celle qui résulte du délit ou du quasi-délit, suivant qu'ils ont agi ou non dans l'intention de nuire et, d'après nous, elle est toujours soumise aux règles du droit commun.

D'après la jurisprudence au contraire, la loi aurait établi en faveur des tiers une responsabilité exceptionnelle dépassant le préjudice causé et s'étendant à toutes les dettes de la société. Les administrateurs seraient indéfiniment responsables de ces dettes. D'ailleurs cette disposition exceptionnelle devrait être restrictivement interprétée et renfermée dans les termes de l'art. 42.

55. *Législations étrangères.* — Le système de la jurisprudence, devant lequel le législateur a hésité en 1863, se retrouve dans quelques lois étrangères qui ont voulu sanctionner énergiquement les règles de la constitution des sociétés.

---

(1) Vavasseur, n° 837.

D'après l'art. 98 du Code de commerce italien : tant que ne sont pas remplies les formalités prescrites pour la constitution légale de la société, les fondateurs, les administrateurs et tous ceux qui agissent en son nom contractent une responsabilité illimitée et solidaire pour toutes les obligations sociales. Et, d'après l'art. 211 du Code allemand, la société anonyme n'existe pas en cette qualité avant d'être inscrite dans le registre du commerce. Si des actes sont faits en son nom, avant qu'elle ait été inscrite, les auteurs de ces actes sont personnellement et solidairement responsables.

La loi suisse est moins rigoureuse. Elle se borne à rendre les fondateurs et administrateurs responsables du dommage qu'ils ont causé (art. 671, 672 et 673). La loi belge, qui ne parle que des fondateurs, paraît avoir adopté le même principe (art. 34). L'exposé des motifs du projet qui doit la modifier est très explicite sur ce point : « Il est évidemment impossible, y est-il dit, que les fondateurs d'une société soient condamnés à indemniser les actionnaires ou les créanciers de pertes dont ils ne sont point cause. On a cependant vu prétendre que, lorsqu'une société vient à faire faillite, si l'on découvre qu'une nullité vicie sa constitution, les fondateurs peuvent être condamnés à payer toutes les dettes sociales et à rembourser les mises. — La conséquence d'une pareille décision serait de rendre la position des créanciers et des actionnaires meilleure dans une société nulle que dans une société valable, et d'obliger les fondateurs à réparer, non-seulement les conséquences de leurs fautes, mais celles des mauvaises opérations de la société. — On doit considérer que les fondateurs prennent, en constituant la société, l'engagement de la constituer valablement; le projet actuel leur impose, si cette obligation n'est pas remplie, la réparation due en matière de contrat, lorsque celui qui n'exécute pas son obligation ne peut invoquer la bonne foi (1). » — Les mêmes considérations s'appliqueraient à plus forte raison aux administrateurs.

(1) Projet de modifications à apporter à la loi du 18 mai 1873, *Journal des Sociétés*, 1883, p. 541.

CHAPITRE V.

RESPONSABILITÉ POUR FAUTES DE GESTION.

56. — Les administrateurs peuvent commettre dans leur gestion et dans les actes qui s'y rattachent deux sortes de fautes. Les unes ont un caractère illicite et constituent des délits de droit civil, ou plus ordinairement des quasi-délits (art. 1382 du Code civil). Les autres sont de simples fautes contractuelles qu'on ne peut leur reprocher qu'à raison du mandat qu'ils ont reçu (art. 1992, Code civil). Dans tous les cas, il faut appliquer à leur responsabilité les règles du droit commun (1); mais ces règles ne sont pas les mêmes pour l'une et l'autre hypothèse. L'article 44 le donne à entendre : « Les administrateurs, dit-il, sont responsables conformément aux règles du droit commun, individuellement ou solidairement suivant les cas, envers la société ou envers les tiers, soit des infractions aux dispositions de la présente loi, soit des fautes qu'ils auraient commises dans leur ges-

(1) Tripier, t. I, p. 47 : « La nouvelle rédaction (celle de l'art. 44) n'a été préférée, dit l'exposé des motifs, que parce qu'elle a paru exprimer plus clairement la volonté de subordonner toutes les questions que pourra faire naître la responsabilité des administrateurs à l'influence des principes généraux, *sans y rien ajouter, sans en rien retrancher.* »

tion, notamment en distribuant ou en laissant distribuer sans opposition des dividendes fictifs. » Deux différences sont possibles : la responsabilité peut être solidaire ou ne l'être pas; elle peut exister envers la société ou envers les tiers. Ces différences tiennent au caractère de la faute commise.

57. *Des quasi-délits.* — Un quasi-délit est un fait dommageable pour autrui que son auteur n'a pas le droit de commettre. D'après l'article 1382 du Code civil « tout fait quelconque de l'homme qui cause à autrui un dommage, oblige celui par la faute duquel il est arrivé à le réparer. » L'article 1383 ajoute que « chacun est responsable du dommage qu'il a causé non seulement par son fait, mais encore par sa négligence ou par son imprudence. » Une omission peut donc, aussi bien qu'un fait positif, constituer un quasi-délit, à la condition toutefois qu'elle porte atteinte à un droit.

D'après ces principes, les administrateurs commettent un quasi-délit toutes les fois qu'ils dépassent leurs droits en causant un préjudice soit aux actionnaires, soit aux tiers. Ils dépassent leurs droits soit en manquant aux obligations que la loi leur impose, soit en ne se conformant pas aux statuts, soit en donnant au public de faux renseignements. Ce sont là les causes les plus fréquentes de leur responsabilité délictuelle; il faut y ajouter toutes celles qu'admet le droit commun.

58. — Les obligations que la loi impose aux administrateurs ont été établies aussi bien dans l'intérêt des tiers que dans l'intérêt de la société. Les tiers peuvent donc se plaindre lorsqu'elles ne sont pas observées; elles font partie des sûretés sur lesquelles ils ont dû compter. Nous avons dit plus haut quelles sont ces obligations. Les administrateurs doivent par exemple dresser exactement chaque année l'inventaire et le bilan de la société (art. 34), prélever sur les bénéfices nets un vingtième ou moins affecté à la formation d'un fonds de réserve (art. 36), ne pas diminuer le capital social en distribuant des dividendes fictifs (art. 15 et 44). S'ils manquent à un de ces devoirs, ils sont nécessairement responsables du dommage causé. Aucune autorisation ou ratification de l'assemblée générale ne peut couvrir leur responsabilité (1). Les tribunaux n'ont pas à rechercher s'ils ont été ou non de bonne foi, s'ils ont pu croire inutiles les précautions qu'ils ont négligées (2).

---

(1) Il a été jugé que l'approbation donnée par l'assemblée générale des actionnaires à des inventaires concluant à une distribution de dividendes qui plus tard ont été reconnus contenir des inexactitudes graves, n'a pas pour effet, alors même que l'assemblée n'aurait pas ignoré l'infidélité, de décharger les membres du conseil de surveillance et les gérants de la responsabilité pénale et civile qu'ils ont encourue pour avoir consenti sciemment à une répartition de dividendes fictifs (Cass. 28 juin 1862, D. 1862. 1. 306); — Cass. 16 juillet 1838; 9 mars 1841, Dalloz, Répertoire, v° *Société*, n°s 1481 et 1482.

(2) Les quasi-délits ne supposent pas la mauvaise foi. Il a formellement été déclaré dans les débats sur l'article 27 de la loi de 1863, qu'elle n'était pas nécessaire. Cet article est devenu l'article

Seulement ils apprécient souverainement le préjudice éprouvé par les demandeurs, et s'il leur paraît qu'il n'y en a pas eu, ils doivent écarter la demande. (Cass. 20 mars 1882, *Journal des Sociétés*, 1884, p. 330).

Suivant nous, la responsabilité pour cause de nullité prévue par l'article 42, n'est qu'un cas particulier de cette responsabilité générale pour infraction à la loi. Si on lui a consacré un texte à part, c'est qu'on voulait d'abord la soumettre à des règles spéciales. Alors même qu'on la laissait sous l'empire du droit commun, il n'était pas inutile de rappeler aux administrateurs les conséquences que pourrait avoir la nullité, de même qu'on leur a rappelé, dans l'article 44, les conséquences qu'aurait la distribution de dividendes fictifs.

59. — Les dispositions des statuts sont, comme celles de la loi, une limite aux droits des administrateurs et une garantie accordée aux tiers. Les tiers en prennent connaissance avant de traiter avec la société ou d'y entrer ; la loi a pris soin que la communication leur en fût assurée (art. 63) et qu'on les avertit en cas de changement (art. 61). Le tribunal de la Seine a jugé avec raison que « les statuts d'une

---

44 de la loi de 1867. La question se posait principalement pour la distribution de dividendes fictifs et le rapport disait : Une faute grave, certaine suffirait pour l'application de l'article, alors même que la bonne foi du distributeur serait présumable ou constante. (Dalloz, 1863, 4 p. 68 et 72.)

société anonyme ont à la fois pour objet l'intérêt public et l'intérêt des actionnaires et des tiers appelés à contracter avec elle ; — que leur violation constitue toujours une faute grave... qui entraîne la responsabilité personnelle et solidaire des administrateurs vis-à-vis des actionnaires et des tiers qui ont été lésés ; — qu'il suffit donc au tiers lésé d'établir la violation de l'acte statutaire pour avoir action contre les administrateurs (1). »

La responsabilité des administrateurs est obligatoire dans ce cas, comme dans le cas où ils n'ont pas obéi aux prescriptions de la loi. Ils ne peuvent pas dire qu'ils ont cru bien faire; ils sont en faute par cela seul qu'ils n'ont pas fait ce qui leur était ordonné. Mais ici encore, ils ne peuvent pas être condamnés si leur faute n'a pas causé de préjudice. Dans une affaire où les administrateurs, obligés par les statuts de remettre tous les six mois aux autorités administratives un état de la situation sociale, avaient manqué à cette obligation, la Cour de cassation a rejeté le pourvoi formé contre un arrêt de la Cour de Paris « attendu que cet arrêt ne décide pas en thèse de droit que le défaut de remise des états semestriels de situation dans les dépôts publics indiqués aux statuts ne peut engager la responsabilité des administrateurs ; que seulement, après avoir apprécié

---

(1) Jugement du 27 janvier 1866, D. 1867. 2. 238. — Pont, n°s 1701 et 1704.

toutes les circonstances de l'espèce, il décide que les demandeurs avaient d'autres moyens de connaître la situation des affaires de la société, et qu'en fait, le défaut de remise ne leur avait causé aucun préjudice ; — attendu que la décision ainsi motivée repose sur une appréciation souveraine et ne heurte aucun principe de droit (1). »

La responsabilité des administrateurs pour infraction aux statuts est-elle couverte par une approbation de l'assemblée générale ? La jurisprudence l'admet dans le cas où l'assemblée avait le droit de modifier la disposition des statuts qui a été violée (2). Elle ne l'admet pas quand il s'agit d'une clause essentielle des statuts (3). Nous ne ferons pas cette distinction. La ratification de l'assemblée générale n'a d'effets qu'à l'égard de la société, elle ne peut pas enlever aux tiers une action qui leur appartient.

Si les administrateurs, au lieu de contrevenir aux statuts, les avaient fait modifier, les tiers auraient été avertis et peut-être n'auraient-ils pas contracté.

(1) Cass. 11 juillet 1870, D. 1871. 1. 137.

(2) Il a été jugé que si le conseil d'administration a réalisé sans autorisation un emprunt qui, aux termes des statuts, n'aurait dû être contracté qu'avec l'autorisation de l'assemblée générale, la ratification donnée par cette assemblée couvre la responsabilité des administrateurs à l'égard des tiers (Paris, 30 juillet 1867, D. 1867. 2. 238). Voyez aussi, Paris 11 juillet 1882, *Revue des Sociétés*, 1883, p. 73.

(3) Cass. 27 décembre et 28 décembre 1853, D. 1854. 1. 143 et 145. — Paris, 1er juillet 1879, et Cass. 21 juin 1881, D. 1881. 1. 466.

60. — En troisième lieu, les administrateurs commettent un quasi-délit en publiant des rapports mensongers qui déterminent les tiers, soit à traiter avec la société, soit à acheter ses actions. Ces rapports se trouvent ordinairement, soit dans les inventaires et les comptes rendus présentés à l'assemblée générale des actionnaires, soit dans les prospectus qui annoncent une émission. On peut dire avec la Cour de Paris « que si les administrateurs sont astreints aux obligations de leur mandat envers la société qui le leur a confié, ils sont en même temps soumis envers tout le monde aux devoirs généraux qui sont imposés par la conscience ou par la loi, et dont l'infraction constitue aux termes de l'article 1382 une faute ou quasi-délit obligeant à la réparation du dommage causé ; que dans les sociétés établies par actions, et appelant pour la souscription ou la transmission des actions le concours du public, les rapports et les confections d'inventaires ou bilans par les administrateurs ne sont pas des actes qui se renferment dans l'intérieur de la société ; que la connaissance doit en être donnée au dehors, et que ces actes sont destinés suivant l'usage, à une grande publicité ; qu'il en résulte pour leurs auteurs le devoir absolu de ne tendre à la foi publique aucun piège, et de ne pas altérer sciemment la vérité sur les faits qui peuvent déterminer les tiers à courir les chances d'une entrée dans la société ; que manquer à ce devoir de sincérité est une faute d'autant plus grave et nécessitant d'autant plus la protection de la loi que, dans des sociétés se livrant à de vastes opérations et roulant sur une comptabilité compliquée, il devient plus facile aux administrateurs de tromper à la fois la société et le public (1). »

Les tribunaux ont ici un large pouvoir d'appréciation. Certains actes de nature à tromper le public peuvent être assimilés à des rapports mensongers (2). D'autre part, les administrateurs ne sont pas obligés de tout déclarer. « Ils ne doivent pas au public, a dit encore la Cour de Paris, la divulgation complète des affaires sociales et ne sont pas obligés de mentionner par le détail et par le chiffre les débiteurs, fut-ce au risque de nuire au crédit de la société. — On ne saurait voir entre les faits de simple réticence relevés dans les bilans ou les rapports, et le préjudice éprouvé par les acheteurs d'actions, un lien nécessaire qui rende ces faits juridiquement imputables, selon l'art. 1382 (3). » L'es-

(1) Paris, 22 avril 1870, D. 1870. 2. 121.

(2) Il a été jugé que le fait, de la part des administrateurs, d'avoir compris dans le dividende à distribuer sur l'exercice courant le reliquat de l'exercice précédent qui avait été maintenu par l'assemblée générale des actionnaires au compte des profits et pertes, et cela en faisant croire par les termes de leur annonce que la répartition était faite sur les bénéfices réalisés pendant cet exercice, engage leur responsabilité envers les tiers qui ont acheté des actions sur la foi du dividende distribué et les oblige à indemniser ces nouveaux actionnaires de la dépréciation que subissent leurs titres par suite de l'infériorité des dividendes ultérieurs. (Lyon, 17 août 1865, D. 1866. 2. 195).

(3) Paris, 28 juin 1870, 3e arrêt cité par Sirey, 1874. 1. 100.

sentiel est que les résultats généraux soient exacts.

Il est clair que l'approbation de l'assemblée générale ne peut pas couvrir la responsabilité des administraleurs pour une faute de cette nature. Ainsi, il a été jugé que les sociétaires dont les achats d'actions ont été déterminés par des rapports et des bilans frauduleux ont le droit d'agir en dommages-intérêts contre les administrateurs, quoique la société ait transigé avec eux (1).

61. — La responsabilité délictuelle dont nous avons étudié les principales applications est solidaire. La jurisprudence décide en effet que les auteurs d'un même délit civil ou d'un même quasi-délit sont tenus chacun pour le tout de réparer le dommage causé par ce délit ou par ce quasi-délit, au moins lorsqu'il est impossible de déterminer la part de responsabilité qui incombe à chacun dans le fait dommageable (2). C'est sans doute à cette jurisprudence, acceptée par la plupart des jurisconsultes, que la loi a fait allusion en déclarant que les administrateurs seraient responsables, conformément au droit commun, individuellement ou solidairement suivant les cas (art. 44).

---

(1) Paris, 22 avril 1870, D. 1870. 2. 121. — Cass. 7 mai 1872, D. 1872. 1. 133.

(2) Paris, 1er août 1868, D. 1869. 2. 65. — Cass. 30 juin 1869, D. 1869. 1. 336. — Lyon, 17 août 1865, D. 1866. 2. 195. — Cass. 27 février 1879, D. 1880. 1. 20. — Boistel, note dans Dalloz 1879. 1. 282. — Demolombe, *Des Contrats*, t. III, p. 211 et sq.

En outre, les administrateurs sont responsables de leurs quasi-délits soit envers les actionnaires, soit envers les tiers. Nous verrons plus loin qu'ils ne seraient responsables de leurs simples fautes qu'envers les actionnaires seulement.

62. — Les tiers sont ici les créanciers de la société et les acheteurs d'actions qui ont été trompés par de faux renseignements. Les créanciers peuvent se plaindre, lorsqu'ils ne sont pas payés, de toute diminution du capital social causée par une infraction à la loi ou aux statuts, notamment par la distribution de dividendes fictifs, ou par le rachat des cations (1). Les administrateurs sont responsables de cette diminution. Mais les créanciers ne peuvent agir contre eux que lorsque la société a suspendu ses paiements ; leur action suppose en effet un préjudice qui n'existe qu'à ce moment (2).

Les personnes qui ont acheté des actions de la société sur la foi d'annonces mensongères sont aussi des tiers (3). Elles n'ont acquis la qualité d'actionnaires qu'en contractant. Si par la faute des administrateurs, elles ont payé les actions plus cher qu'elles ne valaient, elles pourront leur demander à titre de dommages-intérêts la différence entre le prix d'achat et la valeur réelle. Si même elles prouvent qu'elles

---

(1) Cass. 6 novembre 1865, D. 1865. 1. 479.

(2) Pont, nº 1544. — Code suisse des obligations (art. 675-2º).

(3) Vavasseur, nº 863.

n'auraient pas acheté sans les manœuvres qui les ont trompées, elles pourront se faire rembourser intégralement (1). — Les mêmes droits appartiennent aux créanciers que les administrateurs ont induit en erreur sur la solvabilité de la société, en particulier aux obligataires auxquels ils ont promis des garanties qui n'existent pas (2).

63. — Les administrateurs peuvent se rendre coupables d'un quasi-délit envers les actionnaires, par exemple en les engageant par des rapports mensongers à souscrire un doublement du capital. Mais ici les règles du quasi-délit s'effacent ordinairement devant celles du contrat. Le mandat donné par la société aux administrateurs aggrave leur responsabilité. Il a été jugé que les mêmes dissimulations qui avaient trompé à la fois les actionnaires et les tiers donnaient une action aux actionnaires seulement, « attendu que les administrateurs étaient tenus, comme mandataires salariés, de répondre de tous degrés de faute envers les sociétaires, leurs mandants, tandis que vis-à-vis des tiers, tels que les acheteurs d'actions, ils ne devaient aucune diligence de conduite, et n'étaient tenus que des fautes

(1) Paris, 22 avril 1870 et Cass. 7 mai 1872. — Cass. 27 mars 1878, S. 1879. 1. 24. — Lyon, 11 juin 1873, D. 1874. 2. 214. — Paris, 1er août 1868, D. 1869. 2. 65. — Cass. 9 juin 1874, D. 1876. 1. 387.

(2) Paris, 12 août 1879, S. 1879. 2. 235. — Cass. 26 mars 1878, S. 1879. 1. 17. — Tribunal de la Seine 13 juillet 1883, *Revue des Sociétés*, 1883, p. 735.

impliquant à un degré suffisant la violation des devoirs généraux de respect du droit d'autrui imposés dans la vie civile (1). » C'est la responsabilité contractuelle qui commence.

64. *Des fautes contractuelles.* — Les administrateurs sont les mandataires de la société. Ils sont responsables envers elle de toutes les fautes qu'ils commettent dans l'exécution de leur mandat. Il n'est pas nécessaire pour cela qu'ils sortent de leurs pouvoirs : il suffit qu'ils n'en fassent pas bon usage. Leur mandat les oblige à gérer la société en bons pères de famille : ils sont en faute s'ils manquent à cette obligation.

Il est difficile de déterminer exactement les limites d'une telle responsabilité. Un amendement qu'on proposait à la loi de 1867 voulait qu'elle fît mention de trois cas particuliers où les administrateurs seraient responsables : 1° lorsqu'il y aurait eu violation des statuts ; 2° lorsqu'il y aurait eu violation du cahier des charges ; 3° lorsqu'il y aurait eu falsification des écritures, ou des inventaires, ou distribution de dividendes fictifs. On fit remarquer avec raison qu'il était inutile et dangereux de faire une énumération incomplète (2). On se contenta de renvoyer au droit commun, c'est-à-dire aux règles générales du mandat.

---

(1) Paris, 28 juin 1870, 3e arrêt, S. 1874. 1. 100.

(2) Tripier, t. I, p. 250 et t. II, p. 240.

En principe, les mandataires sont responsables de toute faute qu'un bon père de famille n'aurait pas commise dans la gestion de ses propres affaires (art. 1992 cbn. avec 1137, Code civil). On peut donc leur reprocher la négligence ou l'imprudence grave aussi bien que le dol (1). Leur responsabilité doit être appréciée moins rigoureusement lorsque leur mandat est gratuit que lorsqu'il est salarié (art. 1992-2°) ; mais la gratuité ne la fait pas complètement disparaître (2).

65. — Toutes ces règles s'appliquent aux administrateurs, mais les circonstances de fait exercent une grande influence sur leur application. Les tribunaux doivent tenir compte des usages commerciaux, de la situation générale des affaires, de la nature même et de l'objet de la société. Telle opération, qui en général pourrait être reprochée aux administrateurs comme une imprudence, sera légitime s'ils avaient à diriger une société destinée à la spéculation dans la pensée des actionnaires eux-mêmes.

Les tribunaux ont ici un pouvoir très étendu. Nous avons dit plus haut qu'ils n'ont pas le droit d'excu-

---

(1) Les administrateurs ne pourraient pas en général s'excuser sur leur incapacité, « attendu, a dit la Cour d'Angers, qu'ils ont tort d'accepter des fonctions qu'ils ne sont pas aptes à remplir. » (Angers, 28 juillet 1881, Journal *La Loi* du 3 août 1881).

(2) Cass. 2 janvier 1832, S. 1832. 1. 319. — L'importance des avantages que se seraient réservés les administrateurs, en s'attribuant, par exemple, une quote-part des bénéfices, serait cause d'aggravation de leur responsabilité. (Vavasseur, n° 856).

ser les administrateurs quand ceux-ci ont violé la loi ou les statuts. Dans ce cas, en effet, leur devoir était indiqué, ils ont eu tort de ne pas le faire. Quand il s'agit, au contraire, des fautes de gestion, la conduite des administrateurs n'était pas tracée d'avance, ils ont pu légitimement se méprendre. Les juges du fond apprécieront et la Cour de cassation n'aura pas à réviser leurs décisions sur ce point.

Il est à peine besoin de dire que les administrateurs ne sont pas responsables des pertes éprouvées dans une opération régulièrement faite, qui aurait pu réussir et qui a mal tourné. On peut leur demander d'être vigilants, non pas d'être heureux.

Les risques du commerce sont pour la société, et, comme l'a dit la Cour de Paris, il ne faut pas transformer les administrateurs *en assureurs de la société.*

66. — Une opération, même imprudente et dangereuse, ne pourrait pas leur être reprochée si elle avait été faite sur l'invitation de l'assemblée générale. Cette assemblée est maîtresse des affaires sociales ; elle peut les diriger comme elle l'entend. Elle peut aussi exonérer les administrateurs de la responsabilité qu'ils auraient encourue dans l'exercice de leur mandat. « C'est la conséquence du principe constitutionnel des sociétés, disait M. l'avocat-général Dupré-Lasalle dans l'affaire de la Société immobilière, que la volonté de la majorité s'impose à la minorité, autrement le désordre s'introduirait là où doit régner l'unité ; tous les avantages de l'association disparaîtraient. Si donc la majorité domine dans toutes les affaires sociales, comment ne dominerait-elle pas dans celle qui les termine toutes, dans l'apurement et le règlement des comptes ? D'où viendrait l'exception (1)? » Ordinairement l'approbation donnée par l'assemblée générale aux comptes d'un exercice, décharge la responsabilité des administrateurs pour cet exercice (2). Nous parlons, bien entendu, de la responsabilité contractuelle seulement.

67. — Cette responsabilité n'est pas solidaire (3). D'après l'art. 1995 du Code civil : « Quand il y a plusieurs fondés de pouvoir ou mandataires établis par le même acte, il n'y a de solidarité entre eux qu'autant qu'elle est exprimée. » On a prétendu que l'art. 44 de la loi de 1867 apportait une exception à ce principe (4). Il résulte au contraire de son texte même et des travaux préparatoires qu'il ne change rien au droit commun. « La rédaction du projet, disait l'exposé des motifs, n'a été préférée à celle de la loi de

---

(1) Dalloz, 1870. 2. 122.

(2) Il faut naturellement que cette approbation ait été donnée en connaissance de cause et n'ait pas été obtenue par de faux rapports. — Il a été jugé que l'imprudence commise par les administrateurs, en n'assurant pas complètement contre l'incendie des magasins achetés par la société, est couverte par l'approbation donnée aux comptes où les indemnités payées de ce chef avaient été portées. (Paris, 20 février 1875, D. 1877. 2. 54).

(3) Colmar, 3 juillet 1867, D. 1867. 2. 235.

(4) Vavasseur, n° 861.

1863 (art. 27), que parce qu'elle a paru exprimer plus clairement la volonté de subordonner la solution de toutes les questions que pourra faire naître la responsabilité des administrateurs à l'influence des principes généraux, sans y rien ajouter, sans en rien retrancher. » Les administrateurs ne peuvent donc être condamnés solidairement qu'à raison de leurs quasi-délits.

Cependant il y a entre eux, dans tous les cas, une solidarité réelle qui porte sur les actions dont ils doivent être propriétaires conformément à l'art. 26. « Ces actions, dit la loi, sont affectées en totalité à la garantie de tous les actes de la gestion, même de ceux qui seraient exclusivement personnels à l'un des administrateurs. » En sorte que si cet administrateur se trouvait insolvable, les actionnaires pourraient exercer leur recours contre ses collègues jusqu'à concurrence du prix des actions de garantie.

En principe, les administrateurs déclarés responsables d'une faute dans l'exécution de leur mandat doivent être condamnés à réparer tout le préjudice qu'ils ont causé à la société. Mais les tribunaux prennent souvent en considération leur bonne foi et leur désintéressement pour limiter les dommages-intérêts à une partie seulement du préjudice (1). La

(1) Par exemple, ce jugement du tribunal de commerce de Colmar, confirmé par adoption de motifs (Colmar, 3 juillet 1867, D. 1867. 2. 235) : « En ce qui touche la fixation des dommages-intérêts : — Attendu que pour apprécier équitablement la condam-

condamnation serait également atténuée si les actionnaires étaient eux-mêmes en faute. On pourrait même compenser les torts (1).

68. — Les administrateurs n'étant pas les mandataires des tiers, ne sont pas tenus à leur égard des obligations du mandat. Ils ne leur doivent que l'accomplissement des devoirs généraux dont la violation constitue un quasi-délit. Si par une infraction à la loi ou aux statuts ils ont causé des pertes à la société devenue insolvable, les tiers ont contre eux une action directe en responsabilité. Mais s'ils ont seulement mal administré, sans excéder leurs pouvoirs et sans commettre de fraude, les tiers qui

---

nation à prononcer contre les défendeurs, il importe de prendre en considération, d'une part leur parfaite honorabilité et leur éclatante bonne foi à laquelle les demandeurs n'ont cessé de rendre hommage ; d'autre part, que leur mandat était gratuit et qu'ainsi la responsabilité doit, aux termes de l'article 1992, Code civ., leur être appliquée moins rigoureusement que s'ils avaient reçu un salaire, enfin que les défendeurs, outre qu'ils possèdent encore, eux et leurs familles, près de la moitié des actions, sont créanciers en compte courant de sommes considérables pour lesquelles ils subissent le sort commun ; — qu'eu égard à ces circonstances, il échet de réduire considérablement les dommages-intérêts ; — que les débats ont fourni au tribunal des éléments d'appréciation suffisants pour estimer qu'en allouant aux demandeurs 15 p. 100 sur leurs créances la réparation est équitable... Pour ces motifs, etc. — » (Aff. du Comptoir d'escompte de Sainte-Marie-aux-Mines). — Arrêt de rejet du 3 janvier 1869, D. 1870. 1. 67. — Vavasseur, n° 855.

(1) Aubry et Rau, t. IV, p. 102. — Angers, 11 janvier 1867, D. 1867. 2. 19. — Caen, 16 août 1864, D. 1865. 2. 192.— Paris, 10 juillet 1866, cité par Vavasseur, p. 510. — Cass. 12 avril, 1881, S. 1881. 1. 243. — Angers, 13 janvier 1869, D. 1869. 2. 90.

éprouvent un préjudice ne peuvent se faire indemniser qu'en exerçant, conformément à l'art. 1166 du Code civil, l'action sociale de mandat.

Cette distinction est importante, parce que l'action sociale, comme nous l'avons vu plus haut, peut avoir été éteinte par une délibération de l'assemblée générale. Si les tiers ne peuvent la faire revivre par application de l'art. 1167, ils n'auront dans notre hypothèse aucun recours contre les administrateurs.

Les tiers ont donc intérêt à réclamer une action directe et les tribunaux la leur ont quelquefois accordée, en se fondant sur cette idée que les administrateurs doivent gérer à la fois dans l'intérêt des actionnaires et des tiers : « Attendu, a dit la Cour de Colmar, que l'organisation des sociétés anonymes... a pour but non pas seulement les intérêts des associés mais aussi et plus particulièrement l'intérêt public et la protection des tiers ; que les appelants n'étaient donc pas des mandataires dans les conditions ordinaires du mandat, n'ayant à s'occuper ou à se préoccuper que des intérêts des actionnaires qui les ont nommés, n'ayant à répondre qu'à eux seuls de l'exécution du mandat, mais qu'en acceptant les fonctions de membres du conseil d'administration d'une société anonyme, ils assumaient l'obligation de gérer et de surveiller dans l'intérêt des tiers comme dans celui de la société et que dès lors ils ne sauraient se prévaloir de la prétendue approbation implicite de leur gestion par les actionnaires leurs mandants (1). »

La Cour de cassation en rejetant le pourvoi formé contre cet arrêt déclarait également que « l'organisation des sociétés anonymes est destinée à sauvegarder non seulement les intérêts de la société et ceux des actionnaires, mais encore ceux des tiers qui peuvent contracter avec la société; que dès lors les tiers qui ont été lésés, *soit par défaut de surveillance, soit par toute autre faute imputable au conseil d'administration*, peuvent aux termes de l'art. 1382 intenter contre les administrateurs et censeurs une action en réparation du préjudice qu'ils ont éprouvé (2). »

Cette opinion ne nous paraît pas exacte. Il n'est pas vrai que le conseil d'administration soit établi dans l'intérêt des tiers; tout au plus cela serait-il vrai du conseil de surveillance (3). On nomme des administrateurs à la société parce qu'il est nécessaire qu'elle en ait, parce qu'elle ne peut fonctionner sans eux, nullement pour servir de garantie à ses créanciers. Les tiers ont le droit de compter sur la sincérité de ces administrateurs quand ils annoncent au public la situation sociale, sur l'observation des statuts ou de la loi. Mais les fautes commises dans l'administration intérieure de la société leur

(1) Colmar, 3 juillet 1867, D. 1869. 2. 235.

(2) Cass. 13 janvier 1867, D. 1870. 1. 67. — Dans le même sens, Boistel, n° 314.

(3) Cass. 23 février 1870, D. 1871, 1. 229.

sont étrangères. Une imprudence, une négligence ne leur donnent à eux personnellement aucune action. Ils n'ont pas droit à ce que la société soit bien administrée (1).

Ces principes paraissent prévaloir aujourd'hui dans la jurisprudence. Dans l'affaire célèbre du Crédit mobilier, la Cour de Paris a jugé : « Que les administrateurs étaient tenus, comme mandataires salariés, de répondre de tous degrés de faute envers les sociétaires, leurs mandants, tandis que vis-à-vis des tiers, tels que les acheteurs d'actions, ils ne devaient aucune diligence de conduite, et n'étaient tenus que des fautes impliquant à un degré suffisant la violation des devoirs généraux de respect du droit d'autrui, imposés dans la vie civile (2). » La même distinction a été faite dans l'affaire de la Compagnie immobilière. Les obligataires de cette société réclamaient des dommages-intérêts aux administrateurs qui avaient compromis le capital social. Le tribunal de la Seine admit la demande de ceux qui avaient acheté leurs obligations sur de faux renseignements : il y avait eu à leur égard un quasi-délit. Il repoussa au contraire ceux qui n'avaient à se plaindre que des faits de gestion, la responsabilité des adminis-

(1) M. Vavasseur (n° 859) trouve dans l'art. 44 le principe d'une responsabilité des administrateurs envers les tiers. Mais l'art. 44 se réfère au droit commun et cette responsabilité suppose un quasi-délit, c'est-à-dire autre chose qu'une faute contractuelle.

(2) Paris, 28 juin 1870, S. 1874. 1. 100.

trateurs envers la société ayant été couverte par une transaction (1).

69. *Partage de la responsabilité.* — En principe, la responsabilité des administrateurs est individuelle. On peut leur appliquer par analogie l'article 9 de la loi de 1867 d'après lequel chaque membre du conseil de surveillance n'est responsable que de ses fautes personnelles. Si quelques-uns d'entre eux n'ont pris aucune part à la faute commise, s'ils ont combattu dans le conseil d'administration les mesures proposées par leurs collègues et qui devaient causer un dommage à la société, ils doivent être exonérés. Ainsi dans l'affaire du Crédit mobilier, cinq administrateurs seulement ont été déclarés responsables par la Cour de Paris; dans l'affaire de la Compagnie immobilière, trois administrateurs seulement, qui formaient un comité d'exécution chargé d'un rôle plus actif (2). La Cour de Lyon, dans un arrêt du 17 août 1865, a décidé qu'aucune réparation n'était due par des administrateurs qui, à l'époque où la faute avait été commise, résidaient dans une autre ville où ils avaient une mission à remplir pour le compte de la société (3). Les délibérations du conseil

---

(1) Jugement du 6 janvier 1874, confirmé par la Cour de Paris le 9 février 1877, S. 1879. 1. 20. — Voyez aussi Paris, 22 avril 1870.

(2) Voyez dans Vavasseur, t. II, nº 858 et sq., l'exposé de ces deux affaires.

(3) D. 1866. 2. 194.

d'administration étant prises à la majorité des voix ne sont pas toujours l'œuvre de tous ses membres. Seulement il importe que les membres opposants, pour mettre leur responsabilité à couvert, consignent leur opposition au procès-verbal.

Cette précaution même ne suffirait pas s'il s'agissait d'actes frauduleux, d'infractions à la loi ou aux statuts. Il faudrait alors que les administrateurs contraires à la fraude la dénoncent aux actionnaires, soit dans l'assemblée générale, soit de toute autre façon.

La confiance de certains administrateurs envers leurs collègues ne suffirait pas à justifier une négligence et un manque de surveillance de leur part (1). Les tribunaux apprécieront en fait jusqu'à quel point a pu légitimement aller la confiance et où a commencé la négligence. Des absences fréquentes, une abstention prolongée constitueraient une faute lourde (2).

70. — La responsabilité est collective lorsque la faute a été commune. Dans ce cas les juges déterminent les dommages-intérêts dûs par chacun des administrateurs, s'ils peuvent reconnaître la part de chacun dans le préjudice causé.

Si au contraire il est impossible d'assigner dans la responsabilité collective des responsabilités parti-

(1) Voyez les conclusions de M. l'avocat-général Dupré-Lasalle.

(2) Paris, 1er août 1883, *Journal des Sociétés*, 1884, p. 82.

culières et limitées, la condamnation se partage par têtes. Elle est solidaire ou non, suivant qu'il s'agit d'un quasi-délit ou d'une faute contractuelle. Les tribunaux ont quelquefois jugé que l'obligation des administrateurs est indivisible lorsqu'on ne peut pas distinguer la part que chacun a prise à la faute. En sorte que dans tous les cas ils pourraient être poursuivis pour le tout. Cette opinion n'est pas conforme aux principes. « L'indivisibilité de l'obligation, a dit M. Boistel, résulte toujours de l'indivisibilité de son objet. Elle peut résulter, soit de la nature des choses, soit de la volonté des parties; mais toujours faut-il que celles-ci, en manifestant leur volonté, aient considéré la chose sous un rapport indivisible. Or, allègue-t-on que sous un rapport quelconque l'obligation des codélinquants ait un objet indivisible? Point du tout : cela serait même impossible à établir. On se fonde sur ce que cette obligation a une cause indivisible : c'est l'unité de la faute, l'indivisibilité de la faute. Rien de cela ne touche à l'objet (1). »

71. *Législations étrangères.* — La distinction d'une double responsabilité des administrateurs envers les actionnaires et les tiers, à raison de leurs délits et quasi-délits, envers la société, à raison de leur mandat, a été faite par plusieurs lois étrangères.

D'après l'article 52 de la loi belge : « Les admi-

---

(1) Note dans Dalloz, 1879. 1. 281.

nistrateurs sont responsables, conformément au droit commun, de l'exécution du mandat qu'ils ont reçu et des fautes commises dans leur gestion. — Ils sont solidairement responsables, soit envers la société, soit envers les tiers, de tous dommages-intérêts résultant d'infractions aux dispositions du présent titre ou des statuts sociaux. Ils ne seront déchargés de cette responsabilité, quant aux infractions auxquelles ils n'ont pas pris part, que si aucune faute ne leur est imputable et s'ils ont dénoncé ces infractions à l'assemblée générale la plus prochaine après qu'ils en auront eu connaissance. »

« L'art. 52, dit un exposé des motifs que nous avons déjà cité (1), impose aux administrateurs des sociétés anonymes une double responsabilité, la responsabilité de droit commun inhérente au mandat qui leur est confié, et une responsabilité spéciale quant aux actes qu'ils feraient en contravention à la loi ou aux statuts de la société.

La première de ces responsabilités est la conséquence du contrat qui existe entre les administrateurs mandataires et la société mandante; elle ne peut donc être invoquée que par celle-ci; les tiers qui ne sont pas partie au contrat de mandat ne peuvent former une action directe en leur propre nom en se fondant sur ce contrat. Ils ont seulement la

(1) Exposé de motifs du projet de modifications à apporter à la loi du 18 mai 1873. — *Journal des Sociétés*, 1883, p. 542.

faculté de se prévaloir de l'art. 1166 du Code civil, et de faire valoir les droits dont la société négligerait l'exercice.

Sous le nom de tiers sont également compris ici les créanciers et les actionnaires, car ceux-ci sont, dans un sens large, les créanciers de la personnalité sociale ; ils ont contre elle un droit *ex contratu* qui donne lieu à l'action *pro socio* et constitue ainsi un droit d'obligation qui entre eux a le caractère d'une véritable créance.

Il en est autrement de la responsabilité spéciale qui dérive de la disposition de la loi pour les faits d'infraction à la loi et aux statuts. Les tiers ont contre les administrateurs une action propre dont ils sont investis par la loi et qu'ils peuvent exercer en leur propre nom. Dans beaucoup de cas, sans doute, cette action se confondra avec celle de la société, au moins quant à son objet. Si le préjudice résultant de l'infraction à la loi ou aux statuts consiste dans une diminution de l'avoir social, la réparation de ce préjudice par un versement à la caisse sociale, en éteignant l'action de la société, fera tomber aussi l'action des tiers. Il y a là une espèce de solidarité imparfaite chez ceux à qui la solidarité est due, et qui a pour résultat de faire que l'exécution de l'obligation envers l'un éteint ou réduit l'obligation envers les autres. Mais il n'en est pas toujours ainsi. Il est des cas où le préjudice peut être causé à des tiers sans l'être à la société. L'absence de publication des bilans, et surtout la publication d'un bilan inexact peut être inoffensive pour la société, servir même ses intérêts, et causer de graves dommages à des tiers. Or ces faits constituent des infractions à la loi et aux statuts. C'est en vertu de la responsabilité spéciale que la réparation dans ces cas est demandée aux administrateurs par les tiers qui ont traité avec la société. »

Il faut noter que les actionnaires sont ici assimilés à des tiers, qu'on leur refuse en principe l'action de mandat et qu'on leur donne une action de quasi-délit pour toute violation de la loi ou des statuts. Nous aurons à revenir sur cette manière de comprendre leur droit.

Dans le droit allemand, les administrateurs sont responsables envers la société de toute faute commise dans la gestion, soit qu'ils n'aient pas rempli leurs obligations avec le soin nécessaire, soit qu'ils aient négligé de les remplir, soit qu'ils aient dépassé leurs pouvoirs (1). L'art. 241-2° du Code de commerce a spécialement prévu ce dernier cas et décide que les administrateurs qui dépassent les limites de leur mandat ou agissent contrairement aux dispositions de la loi ou des statuts répondent personnellement du préjudice ainsi causé. Notamment s'ils paient aux actionnaires des dividendes ou des inté-

(1) Nous résumons deux chapitres de Renaud, *Das Recht der Actiengesellschaften*, p. 660 et 618.

rêts, contrairement aux dispositions de l'art. 217, ou s'ils effectuent encore des paiements à un moment où l'insolvabilité de la société aurait dû leur être connue.

La violation de la loi ou des statuts engage toujours la responsabilité des administrateurs, quand même elle aurait été commise dans un but utile à la société et ne lui aurait causé une perte que par des circonstances imprévues (1).

Les procès en responsabilité sont faits par l'assemblée générale qui en confie la direction soit au conseil de surveillance soit à des chargés de pouvoir nommés par elle. Chaque actionnaire a le droit d'y intervenir. L'approbation de l'assemblée couvre les administrateurs contre les poursuites de la société.

Envers les tiers, les administrateurs ne sont pas obligés par leur mauvaise gestion des affaires sociales, mais ils le sont s'ils dépassent leurs pouvoirs et contreviennent à la loi ou aux statuts. Par exemple s'ils distribuent des dividendes fictifs, s'ils présentent de faux inventaires, diminuent le capital social en dehors des conditions prévues par la loi, paient des créanciers quand la société est devenue insolvable, n'annoncent pas la perte de plus de la moitié du capital. Dans ces cas, leur responsabilité n'est pas couverte par l'approbation de l'assemblée générale.

---

(1) Renaud, p. 604.

De plus, les administrateurs sont obligés envers ceux qui ont été trompés par leur dol, et par exemple qui ont acheté des actions sur de faux rapports répandus dans le public.

Le Code de commerce italien reconnaît également une responsabilité solidaire des administrateurs envers la société et envers les tiers, pour infraction à la loi ou aux statuts. D'après l'article 147 de ce Code, ils sont solidairement responsables envers la société et envers les tiers : 1° de la réalité des versements faits par les actionnaires; 2° de la réalité des dividendes payés ; 3° de l'existence des livres exigés par la loi et de leur régularité; 4° de l'exact accomplissement des délibérations des assemblées générales ; 5° et en général de l'exacte observation des devoirs à eux imposés par la loi, par l'acte constitutif et par les statuts.

L'article 149 décide que la responsabilité pour les fautes ou les omissions commises par plusieurs administrateurs ne s'étend pas à ceux qui, étant exempts de faute, ont fait noter sans retard leur opposition sur le registre des délibérations et en ont immédiatement donné connaissance par écrit aux commissaires de surveillance.

La loi suisse ne distingue pas aussi nettement la responsabilité délictuelle de celle qui résulte du mandat. Voici les dispositions qu'elle contient :

Art. 673. « Les membres de l'administration et les contrôleurs sont solidairement responsables envers la société des dommages qu'ils lui causent en violant ou en négligeant leurs devoirs. »

Art. 674. « Les membres de l'administration et les contrôleurs sont solidairement responsables, envers chacun des actionnaires et créanciers de la société, de tous dommages qu'ils leur ont causés en manquant volontairement aux devoirs que leur imposaient leurs fonctions respectives. »

Art. 675. « Lorsque, par décision de l'assemblée générale, ceux qui pourraient être poursuivis en dommages et intérêts en vertu des articles 671, 672 et 674, ont été libérés de leur responsabilité, cette décision n'est opposable à un actionnaire que s'il n'a formé aucune opposition dans les six mois à dater du moment où il en eu connaissance, ou s'il a acheté ses actions postérieurement à la décision et en parfaite connaissance de cause.

Les créanciers de la société ne peuvent faire valoir les droits que leur confèrent ces mêmes articles qu'après la mise en faillite de la société, à moins que leurs créances ne résultent de titres au porteur. »

CHAPITRE VI.

DES ACTIONS EN RESPONSABILITÉ.

Nous avons distingué dans le chapitre précédent deux actions en responsabilité : l'action de quasi-délit et l'action de mandat. Il nous reste à dire par qui et comment elles peuvent être exercées.

I.

72. — Il n'y a pas de difficulté sur le droit des tiers : il faut leur accorder l'action de quasi-délit et leur refuser l'action de mandat. Ils peuvent demander compte aux administrateurs du préjudice qui leur a été causé, même de toute diminution du capital social résultant d'une infraction à la loi ou aux statuts; ils ne peuvent pas leur demander compte de l'exécution de leur mandat. Si les créanciers ne sont pas payés à l'échéance, l'article 1166 leur permet d'exercer l'action de la société, mais toute transaction ou ratification par laquelle la société aurait renoncé à son action leur est opposable, si elle n'a pas été faite en fraude de leurs droits.

Il n'y a pas non plus de difficulté sur le droit des actionnaires, lorsqu'il est exercé par l'assemblée générale. L'assemblée générale représente la société;

les administrateurs sont ses mandataires; elle peut leur demander compte par l'action de mandat de toutes les fautes qu'ils auraient commises. Les actionnaires agissant ensemble ont un droit beaucoup plus étendu que les tiers.

La difficulté commence lorsqu'on considère les actionnaires agissant isolément. Deux systèmes sont possibles : on peut les assimiler aux tiers et leur accorder l'action de quasi-délit. On peut les assimiler à la société et leur accorder l'action de mandat. Le premier système a prévalu à l'étranger; le second est généralement suivi par notre jurisprudence.

73. — A l'étranger, on n'admet généralement pas qu'il y ait un contrat entre les administrateurs et les actionnaires pris séparément. Pour intenter l'action de mandat, dit Vidari (1), il faut avoir la qualité de mandant. Or, dans la société par actions, cette qualité appartient évidemment à l'assemblée générale qui représente la société. C'est elle qui nomme et révoque les administrateurs; c'est à elle qu'ils doivent rendre compte de leurs opérations. Les actionnaires considérés individuellement ne sont pas le mandant, mais des fractions du mandant (fractions qui, prises à part, n'ont aucune valeur juridique); ils n'ont donc pas de droit contractuel contre les

---

(1) Vidari, *Corso di diritto commerciale* (2e édition), t. II, p. 584 et sq. — Voyez aussi un arrêt de la Cour de Bruxelles du 7 janvier 1878, cité par Demeur, *Sociétés commerciales de la Belgique*, p. 728.

administrateurs. Mais ils acquièrent un droit lorsque ceux-ci ont violé la loi ou les statuts. Il ne s'agit plus alors de l'exécution du mandat, mais d'un fait dont le mandat a été l'occasion. Chaque actionnaire a le libre exercice de ce droit qui lui est propre et peut poursuivre les administrateurs si l'assemblée générale n'a pas déjà commencé un procès en responsabilité. Dans ce cas, l'actionnaire, pour éviter des frais, se contentera d'intervenir au procès. Si l'assemblée intente tardivement une action, elle se confondra avec celle de l'actionnaire.

En dehors de l'action de quasi-délit, qui lui appartient comme à toute autre personne, on ne peut, dit aussi Renaud, reconnaître à un actionnaire le droit d'agir en responsabilité contre les administrateurs. Une telle action n'aurait pas de cause, car il n'y a pas de contrat pour la motiver. Elle n'aurait pas d'objet, car l'actionnaire n'est pas autorisé à demander des dommages-intérêts pour le compte de la société, et s'il en obtenait pour son propre compte, il diminuerait d'autant la créance sociale qui ne lui appartient pas. Enfin elle exposerait les administrateurs à des poursuites fréquentes qui compromettraient gravement les intérêts de la société.

L'actionnaire pourra seulement demander à l'assemblée générale qu'elle exerce son action, ou attendre, pour agir lui-même, la dissolution de la société (1).

---

(1) Renaud, p. 610 et sq.

74. — A défaut de l'action du mandat, les actionnaires ont, dans ce système, l'action de délit ou de quasi-délit toutes les fois qu'ils peuvent se plaindre d'un préjudice causé à la société et par conséquent à eux-mêmes par la violation de la loi ou des statuts (1). Si on reconnaît cette action aux créanciers, à plus forte raison faut-il la leur accorder. Pris à part de la société, les actionnaires sont de véritables tiers. Comme les tiers, ils ne peuvent pas invoquer contre les administrateurs la responsabilité qui résulte du mandat, car les administrateurs ne sont pas les mandataires d'une minorité. Comme les tiers, ils peuvent invoquer la responsabilité délictuelle.

Les dispositions de la loi et des statuts sont leur principale garantie s'ils se trouvent en minorité. La minorité qui, en toute autre circonstance, doit plier sa volonté à celle de la majorité, peut exiger le respect des statuts, tant qu'ils n'ont pas été modifiés dans les formes prescrites par la loi. En ne les respectant pas, les administrateurs portent atteinte à son droit, et s'il y a préjudice causé, se rendent coupables d'un quasi-délit. Ils en sont responsables, non seulement envers la société, mais envers chaque actionnaire individuellement, parce que chaque ac-

(1) Les auteurs allemands n'accordent même pas une action de quasi-délit aux actionnaires qu'ils laissent complètement désarmés.

tionnaire a dû lire les statuts et compter sur leur observation (1).

Cette garantie serait illusoire s'il dépendait de l'assemblée générale, c'est-à-dire d'une majorité, d'en dépouiller ceux qu'elle protège. L'assemblée ne peut pas, soit par une transaction, soit par une ratification, décharger les administrateurs de leur responsabilité délictuelle. Elle ne peut pas renoncer à l'action de quasi-délit qui ne lui appartient pas.

Sans doute, cette action se confond souvent avec l'action sociale de mandat. Lorsque les actionnaires ou les tiers se plaignent d'un préjudice causé à la société, toutes deux ont pour effet la réparation du même préjudice : on ne doit pas les exercer en même temps. Supposons qu'une opération contraire aux statuts ait entraîné des pertes pour la société et que les administrateurs les aient réparées : les actionnaires devront en général se tenir pour satisfaits. Mais il importe beaucoup de leur reconnaître un droit propre pour leur permettre d'agir si la réparation a été insuffisante ou n'a pas été demandée. Les administrateurs sont quelquefois les maîtres de l'assemblée générale qui ne leur fait pas payer cher leur

(1) Rappelons ici que l'art. 63 de la loi de 1867 permet à toute personne d'exiger qu'il lui soit délivré au siège de la société une copie certifiée des statuts, moyennant paiement d'une somme qui ne doit jamais dépasser un franc. Et qu'il ordonne à la société d'afficher d'une manière apparente dans ceux de ses bureaux qui sont ouverts au public son acte constitutif.

décharge. Les actionnaires pourront demander aux tribunaux que l'indemnité soit équitable.

75. — D'après notre jurisprudence au contraire, les actionnaires ont le même droit que la société : pour demander la réparation d'un préjudice commun, ils peuvent intenter l'action de mandat et rien que cette action. Ils n'ont pas comme les tiers une action de quasi-délit quand il y a eu violation de la loi ou des statuts, mais seulement quand ils ont éprouvé un dommage distinct de celui qu'a éprouvé la société (1).

Et d'abord les actionnaires agissant individuellement, peuvent intenter l'action de mandat « dans la mesure de leur intérêt privé (2), »

---

(1) De là la distinction si souvent faite de l'action individuelle et de l'action sociale. L'action individuelle suppose un préjudice direct et particulier causé à un actionnaire : elle appartient à cet actionnaire. L'action sociale suppose un préjudice causé à la société tout entière : elle appartient à la société. — Suivant nous, c'est l'action directe qu'il faudrait distinguer de l'action sociale.

(2) Pont, n° 1706.—Paris, 16 avril 1870. D. 1870. 2. 125. —Jugement du tribunal d'Arras, confirmé par arrêt de Douai du 4 avril 1873 (D. 1876. 1. 387) : « Considérant qu'il est de principe que nul en France ne plaide par procureur ; que par application de ce principe un citoyen ne peut intenter une action en justice, en son nom personnel, que dans la mesure de son droit et de son intérêt individuels, que dès lors, dans toute société soit civile soit commerciale, l'action sociale n'appartient qu'à l'universalité des associés ou à leurs représentants légaux ; — Considérant que l'instance introduite par les demandeurs au principal est incontestablement une action socia'e, qu'ils ne concluent que pour la société et en intérêt collectif ; qu'ils sont donc sans qualité pour intenter une pareille action. » Le pour-

lorsque la société n'en a pas disposé (1).

Ceci se heurte à une objection. Le mandat donné aux administrateurs, peut-on dire, est un mandat collectif, qui ne leur a pas été confié par chaque actionnaire individuellement, mais par une majorité, au nom de tous. Les administrateurs sont donc les mandataires de la société, non ceux de chaque actionnaire. La société seule peut intenter l'action de mandat (2).

Les termes mêmes dont se sert la jurisprudence sembleraient entraîner cette conséquence. La Cour de Paris déclare par exemple : « Que le mandat donné par une société anonyme à ses administrateurs est un mandat social dont les suites sont à ré-

voi fut rejeté par la Cour de cassation, parce que le demandeur avait conclu pour la société et en intérêt collectif, au lieu de conclure dans les limites de son intérêt particulier (arrêt du 9 juin 1874. — D. 1876. 1. 387).

(1) En fait, il arrive rarement que la société n'ait pas disposé de cette action, car en supposant qu'il ne soit pas intervenu de transaction ou de ratification expresse, presque toujours les actes des administrateurs sont couverts par l'approbation que l'assemblée annuelle donne à leurs comptes. Cette approbation, nous l'avons vu, emporte ratification tacite.

(2) On a proposé une autre objection qui n'a eu aucun succès. On a cru trouver dans l'art. 17 de la loi de 1867 une condition mise à l'exercice de l'action sociale. Il faudrait que les actionnaires qui veulent exercer cette action, représentent le vingtième au moins du capital social. Nous verrons, en expliquant l'art. 17, qu'il n'a pas pour objet de restreindre les droits des actionnaires, ni de déterminer dans quels cas ils peuvent agir en responsabilité. (Lyon, 23 mai 1863, D. 1865. 2. 148. — Paris, 19 avril 1875 et conclusions de M. l'avocat-général Hémar, D. 1875. 2. 161).

gler avec la collectivité des sociétaires ou la société dont il émane, et qui ne peut dès lors engendrer contre les administrateurs qu'une action sociale; — que la société, délibérant en conformité de ses statuts est maîtresse de cette action sociale, ou pour l'exercer ou pour transiger, et donner, dans la libre et souveraine appréciation qu'elle fait de ses intérêts, pleine décharge aux administrateurs ses mandataires (1). »

Si l'action sociale appartient à la société, comment les actionnaires agissant individuellement peuvent-ils l'intenter? Peuvent-ils donc exercer dans la mesure de leur intérêt les droits qui font partie du patrimoine social?

On a fait deux réponses à cette objection. On a

---

(1) Paris, 16 avril 1870, D. 1870. 2. 125. — La pente est si forte que la jurisprudence y a glissé. Les administrateurs de la Société des chemins de fer du Nord de l'Espagne étaient poursuivis en responsabilité par un actionnaire, M. Dubois de Luchet, qui leur reprochait, d'abord des actes de gestion préjudiciables à la société tout entière, ensuite des agissements frauduleux tentés spécialement contre lui et l'ayant déterminé à acheter des actions. Le premier chef de responsabilité, le seul qui concerne l'action sociale, fut écarté par le tribunal civil de la Seine dans les termes suivants : « Attendu qu'il y a lieu tout d'abord, pour examiner dans quelle mesure la demande de Dubois de Luchet serait recevable, d'éliminer les griefs qu'il tire d'actes postérieurs à son entrée dans la société; qu'en effet ces actes, présentés comme préjudiciables à la société tout entière n'auraient pu donner ouverture à une action individuelle, mais seulement à une action sociale qui n'appartient qu'à l'universalité des associés ou à ses représentants légaux, etc. (Jugement du 21 décembre 1880. — *Journal des Sociétés*, 1881, p. 91).

d'abord invoqué l'article 17 de la loi de 1867, aux termes duquel : « des actionnaires représentant le vingtième au moins du capital social peuvent, dans un intérêt commun, charger à leurs frais un ou plusieurs mandataires de soutenir, tant en demandant qu'en défendant, une action contre les gérants ou contre les membres du conseil de surveillance, et de les représenter, en ce cas, en justice, sans préjudice de l'action que chaque actionnaire peut intenter individuellement en son nom personnel. » Cette disposition est applicable aux sociétés anonymes (art. 39) : on y a vu la reconnaissance du droit pour chaque actionnaire d'intenter individuellement l'action sociale. Mais nous verrons plus loin que l'article 17 règle simplement une question de procédure et ne change rien au fond du droit. Il permet aux actionnaires d'exercer soit individuellement, soit en commun, sous le nom d'un mandataire, l'action qui leur appartient. Reste à savoir quelle est cette action : ce peut être l'action de quasi-délit et non pas l'action de mandat.

On a dit ensuite que « les administrateurs ne sont pas uniquement les mandataires de la société, personne juridique distincte de la personne des membres associés. — La personnification sociale est indifférente à la solution de notre question ; elle a été inventée pour régler les rapports avec les tiers, avec le public, pour augmenter la puissance, l'action et le crédit de la société, pour ménager et limiter la responsabilité des associés bailleurs de fonds envers les tiers créanciers sociaux. Cette personnification ne doit pas s'interposer entre les membres de la société pour faire obstacle à l'exécution des obligations intersociales, pour enlever aux associés la garantie qu'ils trouvent dans le devoir de vigilance, de loyauté sans réserve, de franchise spontanée résultant du contrat de société. En face des tiers et du public, les administrateurs sont les mandataires de la société personne morale. Dans les rapports sociaux internes, les administrateurs sont les mandataires des actionnaires pour les affaires sociales et tout ce qui s'y réfère (1). » Mais si on fait abstraction de la personnalité sociale, il faut décider que l'action de mandat appartient aux actionnaires qui peuvent librement l'exercer, au moins quand elle repose sur une violation des statuts, car le droit qui leur appartient n'appartient pas à la société.

76. — La jurisprudence ne l'entend pas ainsi. Elle décide que la société, représentée par l'assemblée générale, est maîtresse de l'action de mandat et peut l'enlever aux actionnaires dans le cas même où les statuts ont été violés, pourvu que les administrateurs

(1) Labbé, note dans Sirey, 1874. 1. 97. — M. Labbé raisonne pour une hypothèse différente de la nôtre. Il veut prouver que les administrateurs sont tenus à plus de diligence envers les actionnaires pris individuellement qu'envers les tiers. Mais son raisonnement a été invoqué, peut-être à tort, dans cette discussion (Boursan, *De l'administration des Sociétés anonymes*, p. 73).

n'aient pas touché à leur clauses essentielles. Ainsi, dans le procès du Crédit mobilier, les administrateurs de cette société ayant prêté à découvert, alors que les statuts n'autorisaient que des prêts sur nantissement, obtinrent une transaction de l'assemblée générale. Cette transaction fut déclarée opposable, sans autre examen, à tous les actionnaires. « Attendu, dit la Cour de Paris que l'action dirigée contre Péreire, l'un des administrateurs de la société du Crédit mobilier, par Pazat, propriétaire de 53 actions émises à l'origine de ladite société, avait uniquement pour objet de faire déclarer le défendeur responsable d'une faute commise dans l'exercice de son mandat, et spécialement du préjudice causé à la société par des avances considérables, faites sans nantissement à la Compagnie immobilière ; — que cette action éminemment sociale appartenait à la collectivité des actionnaires et pouvait être exercée par son représentant régulièrement établi ; — qu'investi du droit d'exercer l'action en responsabilité contre les anciens administrateurs, ce représentant avait le pouvoir de transiger avec eux sur les procès nés ou à naître intéressant la société ; — qu'il aurait au besoin trouvé ce droit dans les dispositions de l'art. 38 des statuts sociaux ; — que dès lors le traité intervenu le 23 octobre 1868 et approuvé le 22 février suivant par l'assemblée générale des actionnaires rentrait dans les pouvoirs du liquidateur et de l'assemblée ; — que Pazat prétend à tort que cette délibération ne pouvait être opposée aux actionnaires absents ou opposants, parce qu'elle avait pour effet et pour objet de couvrir une violation de certaines prescriptions du pacte social et que l'unanimité des actionnaires était nécessaire pour apporter des modifications aux statuts ; — attendu en effet que si, en principe, les assemblées, même générales et extraordinaires, ne peuvent imposer aux actionnaires l'obligation de se soumettre à des dispositions qui, en modifiant les conditions fondamentales d'une société, en changent l'essence et créent en quelque sorte une société nouvelle, on ne saurait reconnaître un semblable caractère à une délibération qui, en présence de fautes reprochées aux administrateurs et commises par eux dans l'exercice de leur mandat, et d'actions en responsabilité encourues par ces administrateurs en raison de ces fautes, avait pour but de mettre fin à des contestations nées ou imminentes entre eux et la société, et d'assurer à celle-ci, sinon la totalité, au moins une partie notable de la réparation qui lui était due ; — qu'une pareille délibération était donc opposable à toute demande des actionnaires ayant la même cause et le même objet que celle que la transaction avait pour but d'éteindre (1). »

Dans une affaire du même genre, celle du Crédit foncier, le tribunal de la Seine refusa d'abord aux

(1) Paris, 1er juillet 1879, D. 1881, 1. 4 6 et rejet, 21 juin 1881, D. 1881, 1. 467.

actionnaires agissant individuellement l'action de quasi-délit : « attendu que l'action qui se fonde directement sur la violation des statuts constitue une action sociale; — qu'elle a pour base, non pas une faute générale que les défendeurs auraient commise, au mépris du principe d'ordre social que nul ne doit porter préjudice à autrui par un fait illicite, mais la faute spéciale qui résulte de l'inaccomplissement du mandat déterminé par leur qualité de gérants et par les statuts de la société; — que si, en pareil cas, tout porteur de titres d'une société menacée dans son crédit se trouve lésé personnellement, le dommage qu'il éprouve ne se distingue, sous aucun rapport, de celui qui atteint la société tout entière, et qu'il ne peut l'en séparer arbitrairement, en poursuivant dans son intérêt isolé une réparation basée sur des principes autres que ceux qui régissent l'intérêt social. » Puis, examinant l'action sociale, le tribunal déclara que l'assemblée générale avait éteint par voie transactionnelle cette action dont elle était maîtresse et que les demandeurs ne pouvaient plus la relever (1).

Le système de la jurisprudence n'est donc pas logique. Il tend à confondre le droit des actionnaires avec le droit de la société et à le mettre à la disposition de l'assemblée générale (2). Il serait temps de

(1) Jugement du 6 avril 1878, *Revue des Sociétés*, 1883, p. 79.

(2) Voyez aussi un jugement du tribunal de la Seine du 22 décembre 1882, *Revue des Sociétés*, 1883, p. 181.

déterminer plus exactement la nature et les limites de ces deux droits (1).

77. — Les statuts limitent quelquefois le droit des actionnaires. La Cour de Paris a eu à se prononcer sur la validité d'une clause d'après laquelle « aucun actionnaire ne pouvait intenter une demande en justice contre la société, sans que cette demande eût été préalablement déférée à l'assemblée générale des actionnaires, dont l'avis devait être soumis aux tribunaux compétents, en même temps que la demande. » La Cour, tout en écartant, dans l'espèce, l'application de cette clause, a admis implicitement qu'elle n'avait rien d'illicite (2). En effet, elle ne supprime pas le droit des actionnaires, elle en soumet seulement l'exercice à une formalité préalable qui n'est pas sans utilité (3). Mais nous n'admettrions la légitimité d'une clause décidant qu'en aucun cas les actions touchant à l'intérêt général de la société ne pourront être intentées qu'au nom de la masse des

---

(1) On paraît d'accord sur deux points : les actionnaires, agissant individuellement, ne peuvent reprocher aux administrateurs de simples fautes contractuelles lorsque la société les en a absous ; ils peuvent au contraire leur reprocher une violation de la loi ou d'une clause essentielle des statuts. Deux questions restent controversées : les actionnaires peuvent-ils intenter individuellement l'action de mandat, lorsque la société n'en use pas ? peuvent-ils, malgré une décision de la majorité, poursuivre les administrateurs pour violation d'une clause accessoire des statuts que l'assemblée générale aurait eu le droit de modifier ?

(2) Paris, 19 avril 1875, S. 1876. 2. 113.

(3) Pont, n. 1564.

actionnaires et en vertu d'une délibération de l'assemblée générale (1).

78. — L'action en responsabilité peut se déplacer. Si un actionnaire vend son titre, passe-t-elle à l'acquéreur avec le titre ?

Oui, s'il s'agit de l'action sociale qui ne peut appartenir qu'à un associé. Le tribunal de la Seine a jugé qu' « en droit, l'exercice individuel de cette action est inséparable de la possession des titres qui lient l'actionnaire à la société, c'est-à-dire de la qualité même d'actionnaire dans la personne qui agit en justice ; — qu'en aliénant ses titres, l'actionnaire aliène tous les droits qui y sont inhérents, et qu'il n'y a pas lieu de distinguer à cet égard entre l'aliénation qui se produit avant que l'instance ne soit introduite, et celle qui est réalisée au cours du procès ; — que, dans ce dernier cas, l'actionnaire se dépouille de la qualité en laquelle il a pu juridiquement engager l'instance, et qu'en se séparant de la société il abdique tout droit de provoquer le contrôle de la justice pour la sauvegarde des intérêts sociaux (2). »

Non, s'il s'agit d'une action personnelle au vendeur, action qui suppose un préjudice particulier, distinct de celui de la société. Par exemple, si les titres ont été souscrits sur de faux rapports, à des

---

(1) Vavasseur, t. I, p. 382.

(2) Jugement du 6 avril 1878, *Revue des Sociétés*, 1883, p. 77.

conditions trop onéreuses et vendus en baisse. L'indemnité doit être obtenue par celui qui a souffert le préjudice. L'acheteur n'y a aucun droit (1).

II.

79. — La loi a simplifié pour les actionnaires les formes de la procédure. Il peut se faire qu'un grand nombre d'entre eux poursuivent à la fois les administrateurs, il serait très difficile et très coûteux de faire à tous les significations ordinaires à personne ou à domicile. Cette difficulté s'était fait sentir sous l'empire du Code de commerce. « On avait fini, dit Bravard (*Sociétés commerciales*, p. 174), après beaucoup d'hésitations et de controverses, par s'arrêter à un expédient qui consistait à faire représenter les intéressés par des commissaires qu'ils nommaient à la pluralité des voix ou qui, à leur défaut, étaient nommés par la justice. » La loi de 1856, dans son article 14 consacra cet expédient; la loi de 1867 fît de même. D'après l'article 17 de cette loi « des actionnaires représentant le vingtième du capital social peuvent, dans un intérêt commun, charger à leurs frais un ou plusieurs mandataires de soutenir, tant en demandant qu'en défendant, une action contre les gérants ou membres du conseil de surveillance,

(1) Labbé, note dans Sirey, 1874, 1, 97. — Paris, 3e et 4e arrêt du 28 juin 1870, et Cass. 11 nov 1873, S. 1874, 1. 100.

et de les représenter, en ce cas, en justice, sans préjudice de l'action que chaque actionnaire peut intenter individuellement en son nom personnel. » Cet article est applicable aux sociétés anonymes (art. 39). Nous avons dit plus haut qu'il n'a rien changé dans le fond aux droits des actionnaires, ni pour les augmenter, ni pour les diminuer. Il résulte en effet des motifs que nous venons d'indiquer et des travaux préparatoires que le législateur n'a eu en vue qu'une question de procédure. « L'article 17, disait le rapport présenté au Corps législatif, est la reproduction sous une forme différente de l'article 14 de la loi du 27 juillet 1856. Il organise au profit des minorités d'actionnaires, agissant dans un intérêt commun, un mode d'action en justice qui en facilite l'accès par la simplification et l'économie. Contrairement à la maxime bien connue « Nul en France ne plaide par procureur, » il permet à ces minorités de se choisir un ou plusieurs mandataires. Seulement l'article 14 de la loi de 1856 accorde indistinctement cette faveur à des fractions d'actionnaires, quel que soit leur nombre; tandis que l'article 35 du projet la limite aux groupes d'associés représentant le vingtième au moins du capital social (1). »

(1) Tripier, t. I, p. 146. — Voici l'exposé des motifs de la loi de 1856 : « Toutes les fois que dans le sein des sociétés où l'on compte beaucoup d'associés, se sont élevées des contestations, le nombre des parties, la difficulté de les connaître, l'éloignement des domiciles ont entraîné des frais, des lenteurs, des embarras considérables. En

80. — Ainsi, lorsqu'ils veulent poursuivre les administrateurs en responsabilité, les actionnaires peuvent, s'ils représentent un vingtième du capital social, désigner un commissaire pour faire, dans leur intérêt commun, tous les actes de procédure.

On ne doit pas confondre cette faculté avec celle que le droit commun accorde à toute personne de plaider par mandataire. A la différence d'un mandataire, le commissaire choisi par les actionnaires, agira en son nom personnel, sans mettre les noms de ses mandants dans les actes de procédure. Ce sera à la fois plus simple et plus économique. Il n'y aura qu'un droit d'enregistrement à payer pour l'assignation et les autres actes, parce qu'il n'y aura qu'un demandeur (1).

---

permettant à tous les actionnaires de se faire représenter par des commissaires nommés en assemblée générale, en accordant aussi à des groupes d'actionnaires la faculté de choisir entre eux des commissaires spéciaux, selon que tous les associés ou seulement quelques-uns d'entre eux seront engagés dans des contestations soutenues dans un intérêt collectif, le projet simplifie les procédures et diminue par conséquent les dépenses dans une grande proportion. En même temps, et par une précaution qu'il eut été imprudent d'omettre, il réserve à chacun le droit d'intervention. Celui qui manquera de confiance dans les mandataires choisis par ses cointéressés pourra se défendre lui-même, mais à la condition de supporter seul tous les frais que sa présence aura causés, quelle que soit la décision qui intervienne sur un procès auquel il pouvait rester étranger. » (Dalloz, 1856. 4. p. 108).

(1) Bourguignat, note dans Sirey, 1879. 1. 19. — On en a conclu que les actionnaires ne pourraient pas réclamer le bénéfice de l'art. 17, si, au lieu de demander la réparation d'un préjudice causé

Les actionnaires conservent d'ailleurs le droit de nommer un mandataire *ad litem*, s'ils ne représentent pas le vingtième du capital. La règle que « nul ne plaide en France par procureur » n'y fait pas obstacle. Elle ne signifie pas que plusieurs personnes plaidant ensemble ne peuvent se faire représenter par un tiers; mais seulement que le nom des mandants doit figurer dans les actes de procédure et ne pas s'effacer derrière celui du mandataire. L'art. 17 n'y est pas contraire : il a pour but de favoriser les actionnaires et non pas de diminuer leurs droits (1).

81. — Cet article, établissant un droit exceptionnel, doit être restrictivement interprété. Il faut

---

à la société tout entière, ils demandaient la réparation d'un préjudice particulier à chacun d'eux. Leur demande supposant des droits différents, il faudrait que les titulaires de ces droits se fassent connaître (Vavasseur, n° 744). — Par application de la même idée, il a été décidé que le jugement rendu entre les administrateurs et des actionnaires représentés par un commissaire est en premier ressort même à l'égard des actionnaires dont l'intérêt est inférieur à 1,500 francs, si l'intérêt collectif excède ce chiffre (Angers, 18 janvier 1865, D. 1865. 2. 67. — Pau, 18 décembre 1865, S. 1866. 2. 178).

(1) M. Demangeat a proposé une interprétation toute différente de l'article 17. Suivant lui, cet article aurait limité pour les actionnaires la faculté de plaider par mandataire au cas où ils représentent le vingtième du capital social. Dans aucun cas, il ne leur permettrait de plaider par procureur. Il contiendrait donc une restriction et non pas une extension du droit commun. (Rapport à la Cour de cassation, S. 1879. 1. p. 22 et 23). Le contraire résulte des travaux préparatoires. Il a été dit au Corps législatif que la disposition nouvelle introduisait un droit nouveau, contraire au principe « que nul ne plaide par procureur. » (Séance du 5 mai 1867, *Moniteur* du 6 mai).

que les actionnaires pour s'en prévaloir ne représentent pas seulement le vingtième du capital social, mais soient plusieurs ensemble. Pour un seul actionnaire, cette procédure n'aurait pas de raison d'être (1). Il a été jugé aussi qu'elle ne s'appliquerait pas si la demande, au lieu d'être formée contre les gérants ou administrateurs en exercice, était formée contre d'anciens administrateurs (2).

La loi de 1856 rendait la représentation par commissaires obligatoire dans les contestations entre les actionnaires et les gérants. Si on ne pouvait s'entendre sur le choix des commissaires, il devait y être pourvu par le tribunal de commerce. La loi actuelle, laissant aux actionnaires toute leur liberté, n'a pas eu à prévoir la nécessité d'une nomination judiciaire. Si on ne s'entend pas, on agira individuellement.

Les actionnaires se réunissent sur la convocation des plus diligents d'entre eux. Ceux qui veulent être représentés donnent leur adhésion. Ils ont toute liberté pour le choix des commissaires qu'ils peuvent prendre même au dehors de la société. Ils peuvent en nommer soit un seul, soit plusieurs, mais non leur donner un mandat permanent. Ce serait introduire dans la société un nouveau pouvoir qui n'est pas admis par la loi (3).

---

(1) Angers, 26 avril 1866, D. 1866. 2. 198.

(2) Paris, 21 février 1874, S. 1874. 2. 143. — Pont, n° 1566.

(3) Pont, n° 1573.

82. — Les actionnaires peuvent exercer leur action en responsabilité de trois manières : par l'intermédiaire d'un commissaire (art 17); par l'intermédiaire d'un mandataire, ou individuellement. Les créanciers sociaux peuvent se faire représenter par un mandataire, mais le plus souvent ils sont représentés dans leurs intérêts communs par le syndic de la société mise en faillite.

Ce n'est en effet qu'après la faillite que leur droit prend naissance. Jusqu'à la cessation des paiements, les fautes des administrateurs ne leur causent pas de préjudice. Le syndic agit alors dans leur intérêt collectif.

L'action qu'il intente est l'action sociale de mandat. Les créanciers ont avantage à en user car, si elle est restée intacte dans le patrimoine de la société, elle leur permet d'atteindre de simples fautes contractuelles dont les administrateurs ne sont pas responsables envers eux. Elle profite à tous, dans la proportion de leurs droits, puisqu'elle a pour effet d'augmenter l'actif distribuable. Le syndic peut faire de cette action l'usage qu'il juge convenable. S'il transige avec les administrateurs, la transaction est opposable aux créanciers (art. 487 et 535 Code comm.).

Mais les créanciers conservent l'exercice de l'action de quasi-délit qui leur appartient personnellement. Et d'abord ils sont seuls recevables à poursuivre les administrateurs toutes les fois que ceux-ci leur ont causé un préjudice direct et particulier. Par exemple, quand ils ont disposé abusivement de sommes ou de valeurs remises à titre de dépôt ou quand ils ont usé de manœuvres frauduleuses pour obtenir du crédit. L'action en responsabilité dans ce cas n'appartient pas à la masse; les créanciers agissent, suivant l'expression de la jurisprudence *ut singuli*, non pas *ut universi*, et le syndic n'a aucun titre pour les représenter (1).

De plus, nous avons dit que les créanciers ont une action de quasi-délit dans le cas même où, sans leur causer un dommage personnel, distinct de celui de la société, les administrateurs se sont rendus coupables d'une infraction à la loi ou aux statuts. Cette action, après la faillite, se confond ordinairement avec l'action sociale, mais si celle-ci est éteinte ou si le syndic refuse de l'exercer, les créanciers peuvent en faire usage. Ils peuvent, dans ces conditions, demander individuellement la réparation d'un préjudice commun.

(1) Il a été jugé par exemple que le syndic n'est pas recevable à intenter une action en responsabilité fondée sur ce que les administrateurs n'ont pas publié des actes ou délibérations portant modification des statuts sociaux; que cette action doit être exercée individuellement par les créanciers auxquels le défaut de publicité a pu causer préjudice (Toulouse, 23 décembre 1876 et rejet 16 janvier 1878, D. 1879. 1. p. 209). « Si le syndic était recevable dans l'action exercée, dit un arrêt de Douai, les dommages-intérêts accordés à la masse devraient être répartis au prorata des créances vérifiées, sans distinction de nature ou de date » (Douai, 11 février et 10 août 1868, S. 1869. 2. 161).

83. — La jurisprudence ne leur reconnaît pas ce droit : elle n'admet que deux hypothèses et deux solutions. Ou bien les administrateurs sont responsables d'un dommage causé directement à un ou plusieurs créanciers et l'action en responsabilité n'appartient qu'aux créanciers lésés. Ou bien ils sont responsables d'un dommage causé à la société et l'action n'appartient qu'au syndic, alors même qu'elle suppose un quasi-délit (1).

Ainsi, la Cour de Pau, a repoussé une demande des créanciers, faite après acquiescement du syndic à un jugement de première instance, pour les motifs suivants : « Attendu que l'obligation pour tout créancier de se soumettre à la tutelle du syndicat, en ce qui concerne la faillite, ne lui enlève pas la faculté d'agir individuellement pour les droits particuliers qu'il peut avoir en dehors de sa position de créancier faisant partie de la masse ; mais que cette difficulté disparaît, quand, à l'occasion d'intérêts communs, et par des motifs, les mêmes pour tous, il veut agir isolément ; — que, dans ce cas, par principe d'ordre, d'économie et d'égalité, c'est au représentant légal de la masse, au syndic seul qu'il appartient d'agir ; — attendu que, ces principes étant ainsi posés, il faut examiner dans l'espèce à quel titre agissent les créanciers de la société ; — attendu que,

---

(1) Tribunal de la Seine, 22 décembre 1882, *Revue des Sociétés*, 1883, p. 181. — Angers, 13 janvier 1869. D. 1869. 2. 90. — Paris, 28 mai 1869, D. 1869. 2. 145.

dans leurs conclusions, ils n'invoquent que des raisons communes à tous les créanciers, qu'ils n'allèguent aucun fait, aucun droit particulier, aucun grief personnel ; — que les articles 1382, 1383, 1991 et 1992 du Code civil ne sauraient leur créer un droit individuel ; — que le dommage allégué, la faute reprochée sont de même nature pour tous les créanciers, et que, dans ces conditions, ils doivent se soumettre à la règle spécialement et si sagement édictée par le Code de commerce, c'est-à-dire à l'action des syndics, qui assure l'unité et garantit la masse des créanciers contre les caprices et les exigences exclusives de l'action individuelle (1). »

M. Labbé a justement remarqué qu'on exagère ici les pouvoirs des syndics et les effets de la faillite. « Par la faillite, dit-il, les actions individuelles des créanciers contre le failli sont arrêtées, ou pour mieux dire, en partie transformées, en partie suspendues. Les créanciers ne peuvent agir en reconnaissance de leurs droits contre le failli que dans la forme de la vérification des créances. Toute procédure de saisie et de vente des biens du failli est concentrée dans la main des syndics. Ajoutons que les syndics ont l'exercice des actions du débiteur failli. N'allons pas au-delà. La loi n'exprime nulle part que toute action contre une personne quelconque, une

(1) Pau, 26 décembre 1873, D. 1877. 1. 19. Le pourvoi formé contre cet arrêt a été rejeté par la Cour de cassation le 21 décembre 1875.

personne autre que le failli, par cela seul qu'elle répond à l'intérêt collectif, universel des créanciers de la faillite, entre dans les attributions des syndics. Elle dit encore moins que l'exercice d'une semblable action soit modifié, retiré à l'initiative individuelle par l'état de faillite (1). »

Lorsque la société est mise en liquidation, on doit accorder à son liquidateur les mêmes pouvoirs qui auraient appartenu au syndic, si elle avait été déclarée en faillite (2).

---

(1) Note dans Sirey, 1879, 1. p. 97. M. Labbé accorde même aux créanciers le droit d'intenter l'action sociale, en vertu de l'article 1166, quand le syndic n'en a pas disposé. « Quel inconvénient y trouve-t-on ? s'ils succombent, ils paieront les frais. S'ils triomphent, le gain sera pour la faillite. »

(2) Lyon, 11 juillet 1873, S. 1874. 2. 73. — Pont, n. 1959.

CHAPITRE VII.

RESPONSABILITÉ PÉNALE.

84. — A côté de la responsabilité civile que nous venons d'étudier, le législateur a établi, dans certains cas, une responsabilité pénale. Il a considéré que certaines fautes, commises par les fondateurs ou les administrateurs de sociétés anonymes pouvaient avoir de graves inconvénients pour la fortune publique et devaient être prévenues par des mesures énergiques. Il a pensé aussi que dans la création et l'administration de ces sociétés, il pourrait se glisser des fraudes que le Code pénal aurait punies s'il avait pu les prévoir.

Déjà en 1856 et en 1863, les lois sur les sociétés en commandite par actions et sur les sociétés à responsabilité limitée contenaient des dispositions pénales. La nécessité de ces dispositions fut également admise en 1867, malgré quelques objections, et on plaça dans la première partie de la loi, relative aux commandites par actions, les articles 13, 14, 15 et 16 qui sont ainsi conçus :

Art. 13. « L'émission d'actions ou de coupons d'actions d'une société constituée contrairement aux prescriptions des articles 1, 2 et 3 de la présente loi, est punie d'une amende de cinq cents à dix mille francs. — Sont punis de la même peine : le gérant qui commence les opérations sociales avant l'entrée en fonctions du conseil de surveillance ; — Ceux qui, en se présentant comme propriétaires d'actions ou de coupons d'actions qui ne leur appartiennent pas, ont créé frauduleusement une majorité factice dans une assemblée générale, sans préjudice de tous dommages-intérêts, s'il y a lieu, envers la société ou envers les tiers ; — Ceux qui ont remis les actions pour en faire l'usage frauduleux. — Dans les cas prévus par les deux paragraphes précédents, la peine de l'emprisonnement de quinze jours à six mois peut en outre être prononcée. »

Art. 14. « La négociation d'actions ou de coupons d'actions dont la valeur ou la forme serait contraire aux dispositions des articles 1, 2 et 3 de la loi, ou pour lesquels le versement du quart n'aurait pas été effectué conformément à l'article 2 ci-dessus, est punie d'une amende de cinq cents à dix mille francs. — Sont punies de la même peine toute participation à ces négociations et toute publication de la valeur desdites actions. »

Art. 15. « Sont punis des peines portées par l'article 405 du Code pénal, sans préjudice de l'application de cet article à tous les faits constitutifs du délit d'escroquerie : 1° Ceux qui, par simulation de souscriptions ou de versements ou par publication, faite de mauvaise foi, de souscriptions ou de versements qui n'existent pas ou de tous autres faits faux, ont obtenu ou tenté d'obtenir des souscriptions ou des versements; — 2° Ceux qui, pour provoquer des souscriptions ou des versements, ont, de mauvaise foi, publié les noms de personnes désignées, contrairement à la vérité, comme étant ou devant être attachées à la société à un titre quelconque; — 3° Les gérants qui, en l'absence d'inventaires ou au moyen d'inventaires frauduleux, ont opéré entre les actionnaires la répartition de dividendes fictifs. »

Art. 16. « L'article 463 du Code pénal est applicable aux faits prévus par les trois articles qui précèdent. »

L'article 45 étend ces dispositions aux sociétés anonymes : « Les dispositions des articles 13, 14, 15 et 16 de la présente loi sont applicables, en matière de sociétés anonymes, sans distinction entre celles qui sont actuellement existantes et celles qui se constitueront sous l'empire de la présente loi. Les administrateurs qui, en l'absence d'inventaires ou au moyen d'inventaires frauduleux, auront opéré des distributions de dividendes fictifs, seront punis de la peine qui est prononcée dans ce cas par le n° 3 de l'article 15 contre les gérants des sociétés en commandite. »

85. — Deux sortes de faits sont prévus par la loi. Les uns peuvent se produire à la création de la société ou lors de sa transformation, ce sont : l'émission et la négociation d'actions irrégulières ; la simulation et la fraude, à l'occasion des souscriptions et versements. Les autres supposent la société existante, ce sont : la création frauduleuse d'une majorité factice dans les assemblées générales et la distribution de dividendes fictifs.

Quelques-uns de ces faits sont étrangers aux fonctions des administrateurs ; nous n'aurons pas à nous en occuper. Ainsi les négociations d'actions prévues par l'article 14 (1). Ainsi encore, les délits commis avant la constitution de la société, dans le but d'obtenir des souscriptions ou des versements ; les fondateurs seuls en sont responsables. Seulement des délits du même genre peuvent être commis par les administrateurs, lors des augmentations du capital social.

Enfin on décide généralement qu'il ne faut pas appliquer aux administrateurs des sociétés anonymes, ayant commencé leurs fonctions avant la nomination des commissaires du contrôle, le second alinéa de l'article 13 punissant les gérants qui commencent les opérations sociales avant la nomination du conseil de surveillance. Les termes de la loi ne doivent pas être étendus, en matière pénale, au-delà de l'hypothèse qu'ils prévoient ; et d'ailleurs, les fonctions des commissaires dans les sociétés anonymes ne devant commencer que neuf mois après la constitution de la

(1) La loi punit les souscripteurs ou détenteurs d'actions qui vendent leurs titres malgré sa defense ; les acheteurs, les intermédiaires qui aident à l'opération et ceux qui la publient. Il ne s'agit pas des administrateurs (Pont, p. 385).

société, il n'est pas nécessaire de pourvoir de suite à leur nomination.

86. — Restent cinq faits pour lesquels les administrateurs peuvent être poursuivis correctionnellement : l'émission d'actions d'une société irrégulière; les manœuvres frauduleuses employées pour obtenir des souscriptions ou des versements ; la distribution de dividendes fictifs; la création de majorités factices dans les assemblées générales ; l'omission des indications prescrites par l'article 64.

1° L'émission d'actions ou de coupons d'actions d'une société constituée contrairement aux prescriptions des articles 1, 2 et 3 de la loi de 1867 est punie d'une amende de 500 à 10,000 fr. On entend par émission, la remise des titres à ceux qui les ont souscrits ; elle est faite par les administrateurs, après la constitution de la société (1). La loi n'a pas voulu que les titres d'une société entachée de nullité fussent répandus dans le public. Il eût été trop facile à la spéculation de s'en servir pour faire des dupes.

La prohibition ne s'applique qu'aux titres définitifs, négociables. Lorsqu'on ouvre une souscription, il faut nécessairement donner aux souscripteurs un titre provisoire qui constate leur droit, un récépissé

(1) C'est l'émission des actions, non la nullité de la société qui est punie correctionnellement. Si les administrateurs ne font pas l'émission, il n'y a pas pour eux de responsabilité pénale, quand même ils auraient été parmi les fondateurs auxquels la nullité est imputable.

qui fasse preuve de leur versement. Il n'y a rien là de contraire à la loi (1). Mais lorsqu'il s'agit de remplacer les récépissés provisoires par les actions elles-mêmes, il faut que les conditions des articles 1, 2 et 3 soient remplies.

Quant aux conditions imposées par les articles 4 et 24 aux sociétés qui se constituent avec des apports, il n'en est pas fait mention dans l'article 13, et comme l'interprétation restrictive est de rigueur en cette matière, la peine ne sera pas encourue quand ces conditions feront défaut. L'émission faite avant que les apports aient été vérifiés et approuvés dans la forme déterminée ne donnera pas lieu à une amende.

Nous avons déjà dit que les règles prescrites pour la constitution des sociétés anonymes doivent être étendues aux augmentations de capital. La jurisprudence a consacré le même principe pour la sanction pénale de ces règles (2). Aussi, lorsque le capital a été irrégulièrement augmenté, soit que toutes les actions n'aient pas été souscrites ou que tous les versements n'aient pas été faits, les administrateurs qui ont émis les actions nouvelles sont passibles d'une amende.

L'émission punie par l'article 13 est-elle un délit

(1) Cass., 13 mai 1857, D. 1857. 1. 201. — Paris, 19 mars 1883, *Journal des Sociétés*, 1883, p. 254.

(2) Tribunal de la Seine, 20 décembre 1882, *Journal des Sociétés*, 1883, p. 32. — Paris, 19 mars 1883, *ibid.*, 1883, p. 254.

ou une contravention? La question présente un double intérêt. S'il s'agit d'un délit, les administrateurs ne pourront être condamnés que s'ils ont été de mauvaise foi et, dans le cas d'infractions multiples, le cumul des peines n'aura pas lieu (art. 365 du Code d'instruction criminelle). On reconnaît généralement aujourd'hui que la loi de 1867 n'a pas établi une règle unique pour les fautes qu'elle a voulu réprimer : les unes constituent des délits, les autres des contraventions (1). Il résulte des travaux préparatoires (2) que l'émission défendue par la loi appartient à cette dernière catégorie : elle doit être punie malgré la bonne foi de ceux qui l'ont faite. On a critiqué cette rigueur, mais nous verrons qu'elle est corrigée par l'admission des circonstances atténuantes. Les autres infractions dont nous allons parler, à l'exception de la dernière, sont au contraire des délits et supposent l'intention frauduleuse.

2° L'art. 15 punit des peines de l'escroquerie les manœuvres frauduleuses tentées pour obtenir des souscriptions ou des versements. Il faut en rapprocher l'art. 405 du Code pénal qui indique ces peines : « Quiconque, soit en faisant usage de faux noms ou de fausses entreprises, d'un pouvoir ou d'un crédit imaginaire, ou pour faire naître l'es-

---

(1) Pont, n° 1313. — Vavasseur, p. 315.

(2) Tripier, t. I, p. 31 et 139, t. II, p. 6.

pérance ou la crainte d'un succès, d'un accident ou de tout autre évènement chimérique, se sera fait remettre ou délivrer des fonds, des meubles ou des obligations, dispositions, billets, promesses, quittances ou décharges et aura, par un de ces moyens, escroqué ou tenté d'escroquer la totalité ou partie de la fortune d'autrui, sera puni d'un emprisonnement d'un an au moins et de cinq ans au plus. — Le coupable pourra être, en outre, à compter du jour où il aura subi sa peine, interdit pendant cinq ans au moins et dix ans au plus des droits mentionnés en l'art. 42 du présent Code : le tout sauf les peines plus graves s'il y a crime de faux. »

Si longue que soit cette énumération, elle ne comprend pas toutes les manœuvres par lesquelles on peut tromper la confiance du public en lui offrant des actions à souscrire. Le législateur a voulu punir des faits qui, sans constituer précisément le délit d'escroquerie, paraissent également coupables. « Simuler des souscriptions ou des versements, disait le rapport de la commission au Corps législatif, publier de mauvaise foi des souscriptions ou des versements ou d'autres faits faux, publier de mauvaise foi le nom de personnes désignées, contrairement à la vérité, comme étant ou devant être attachées à la société, à un titre quelconque, et cela pour provoquer des souscriptions ou des versements, ce n'est pas seulement commettre une faute dommageable à autrui, c'est enfreindre intentionnellement la loi morale, attenter à la propriété ou le tenter par le mensonge et la ruse, et les sévérités de la loi pénale n'ont rien d'excessif pour de tels actes (1). »

Il y a donc en cette matière deux sortes d'escroquerie : l'une qui est prévue par l'art. 405 du Code pénal, l'autre par l'art. 15 de la loi de 1867. Les mêmes peines sont applicables à toutes deux.

Ces peines sont ordinairement prononcées contre les fondateurs de la société. Les administrateurs, qui ne sont nommés qu'après la souscription et le versement ne sont pas responsables des fraudes commises pendant la période de constitution, à moins qu'ils n'aient été eux-mêmes fondateurs. Mais si une augmentation de capital ou une émission d'obligations a lieu pendant la durée de leur mandat, ils répondent des fraudes commises dans ces opérations (2).

Il ne s'agit plus ici d'une contravention, mais d'un délit. Une simple erreur ne serait pas punissable. Il faut que les administrateurs aient été de mauvaise foi : les termes de la loi l'indiquent. Ils indiquent aussi que la tentative doit être assimilée au délit. Ceux qui ont tenté d'obtenir des souscriptions par des moyens frauduleux doivent être punis alors même que leurs efforts n'auraient pas eu de succès (3).

---

(1) Mathieu, p. 348.

(2) Tribunal de la Seine, 13 décembre 1882, *Revue des Sociétés*, 1883, p. 106.

(3) L'article 15 n'est pas applicable si les simulations de souscrip-

La loi, tout en réprimant la fraude, respecte le droit qui appartient aux fondateurs et administrateurs de sociétés de faire connaître leurs prévisions et leurs espérances. Elle punit la publication de souscriptions ou de versements qui n'existent pas, celle de tous autres faits faux, mais non les promesses plus ou moins vagues que contiennent si souvent les prospectus. Lorsqu'un fait mensonger a été publié, il faut appliquer l'art. 15; il ne faut pas l'appliquer lorsqu'il s'agit seulement d'une appréciation que le public n'est pas obligé de croire vraie.

Mais peu importe que la publication ait été faite par les intéressés eux-mêmes ou par des intermédiaires dont ils se sont servis pour tromper le public (1).

3° Les art. 15 et 45 punissent des peines de l'escroquerie les administrateurs qui, en l'absence d'inventaires ou au moyen d'inventaires frauduleux, ont opéré entre les actionnaires la distribution de dividendes fictifs.

Nous avons déjà parlé des dividendes fictifs. Les administrateurs qui en proposent la distribution sont civilement responsables de la diminution du capital social; ils peuvent en outre être poursuivis en police

---

tions ou de versements n'ont pas eu pour but d'attirer d'autres souscriptions ou versements. La loi punit seulement celles qu'elle suppose faites dans ce but (Paris, 19 mars 1883, *Journal des Sociétés*, 1883, p. 254).

(1) Paris, 11 février 1881.

correctionnelle s'ils ont agi dans une intention frauduleuse (1).

Leur mauvaise foi est présumée quand il n'y a pas eu d'inventaires. Quand il y en a eu, il faut prouver au contraire qu'ils étaient frauduleux, que les administrateurs ont voulu tromper les actionnaires et le public. Cette preuve du reste sera facilement admise si les exagérations d'actif, les dissimulations du passif sont considérables, les administrateurs devant bien connaître la situation de la société.

La Cour de Paris a jugé que « par l'expression d'inventaire, l'article 45 de la loi de 1867 ne désigne pas un acte spécial d'une forme sacramentelle et déterminée, mais bien tout compte rendu, tout état de situation, soit écrit, soit verbal, au moyen duquel on peut surprendre le vote d'une assemblée d'actionnaires, en lui présentant sous un jour faux les ressources et les opérations de la société (2). »

L'approbation donnée par l'assemblée à des inventaires, qui plus tard sont reconnus contenir des inexactitudes graves, n'a pas pour effet, alors même que les actionnaires n'auraient pas ignoré l'infidélité, de décharger les administrateurs de la respon-

(1) Il s'agit évidemment d'un délit qui suppose la mauvaise foi. « On a demandé, disait M. Duvergier sur la loi de 1863, si un administrateur absent ou malade serait punissable en raison d'une distribution illégale. La question n'est vraiment pas sérieuse. Le principe général qu'il n'y a pas de délit sans intention coupable suffirait pour la résoudre. » (*Bulletin des lois*, 1863, p. 394).

(2) Paris, 19 mars 1883, *Journal des Sociétés*, 1883, p. 256.

sabilité pénale encourue par eux (1). Mais cette responsabilité suppose que des dividendes fictifs ont été distribués. Quelle que soit la fausseté des inventaires, il n'y a pas de délit s'il n'y a pas de distribution, soit que l'assemblée générale n'y consente pas, soit pour toute autre cause. La simple tentative n'est pas punie (art. 3 du Code pénal).

On a justement assimilé à une distribution de dividendes, l'allocation d'intérêts, proposée par un gérant, sur un inventaire frauduleux, alors que les statuts ne permettaient pas de payer des intérêts en l'absence de bénéfices (2). Il a été également jugé que le gérant qui, rétribué par l'attribution d'une part dans les bénéfices, a eu recours, pour augmenter cette part, à des inventaires mensongers est passible de poursuites pour escroquerie (3).

Ceux-là seulement des administrateurs peuvent être condamnés dont la mauvaise foi et l'intention frauduleuse sont établies. Les tribunaux doivent apprécier séparément la faute de chacun d'eux. « Dans l'article 32 de la loi de 1863, disait l'exposé des motifs de 1867, la peine de l'escroquerie est appliquée aux administrateurs, non seulement lorsqu'en l'absence d'inventaires ou au moyen d'inventaires frauduleux, ils ont opéré la distribution de

(1) Cass. 28 juin 1862, D. 1862. 1. 305.

(2) Cass. 26 janvier 1871, D. 1871. 1. 272.

(3) Même arrêt.

dividendes fictifs, mais même lorsqu'ils ont laissé opérer sciemment et sans opposition la distribution de ces dividendes.

« Cette dernière disposition a été critiquée. Sans doute, a-t on dit, l'administrateur qui, voyant opérer sous ses yeux une distribution frauduleuse de dividendes, garde le silence, manque à son devoir; il engage sa responsabilité, il sera infailliblement condamné par les tribunaux civils à réparer le préjudice qu'il était tenu d'empêcher. Mais ce silence, cette abstention ne constituent pas la complicité du délit commis par l'auteur de la distribution; et c'est trop de sévérité d'assimiler au délit lui-même le fait de l'avoir laissé commettre, alors même qu'on aurait dû l'empêcher.

« Dans la législation pénale, il n'y a pas de nuance, si délicate qu'elle puisse paraître, dont il ne faille tenir compte. Le projet a donc dû faire disparaître l'assimilation entre des faits qui ne sont pas exactement semblables : sous la réserve, qui est de droit, que si les éléments de la complicité se trouvent réunis, on appliquera l'article 59 du Code pénal (1). »

4° L'article 13 punit d'une amende de cinq cents francs à dix mille francs et facultativement d'un emprisonnement de quinze jours à six mois ceux qui, en se présentant comme propriétaires d'actions ou de coupons d'actions qui ne leur appartiennent

---

(1) Tripier, t. I, p. 47 et 48.

pas, ont créé frauduleusement une majorité factice dans les assemblées générales et ceux qui leur ont remis des actions pour cet usage.

Ce délit était déjà puni d'une amende par la loi de 1863. La peine de la prison fut ajoutée en 1867, après un vif débat au Corps législatif (1) où l'on fit ressortir les dangers d'une fraude qui porte la plus grave atteinte aux droits des actionnaires. On cita l'exemple d'une société dont les administrateurs s'étaient servis des actions déposées dans la caisse sociale pour faire voter les employés ; on demanda contre de pareils faits la peine du faux ou de l'escroquerie. Sans aller aussi loin, la commission proposa de joindre la prison à l'amende, en faisant remarquer que les assemblées viciées dans leur composition seraient nulles et que les administrateurs seraient civilement responsables de tout le tort causé à la société par leurs délibérations.

La disposition de l'article 13 s'applique à toutes les assemblées générales, ordinaires ou extraordinaires. Elle ne vise pas particulièrement les administrateurs, mais elle garantit la sincérité des délibérations contre les fraudes qu'ils pourraient commettre, comme elle les protège eux-mêmes contre celles de leurs adversaires. Il peut arriver que certains administrateurs soient propriétaires d'un grand nombre d'actions et que les statuts ne leur donnent

(1) Tripier, t. I, p. 628, et sq.; t. II, p. 1 et sq.

qu'un nombre limité de voix. Par exemple, s'ils décident que dix actions donnent droit à une voix, sans que le même actionnaire puisse avoir plus de dix voix. Il faudrait appliquer l'article 13 à l'administrateur qui, pour éluder cette clause, prêterait une partie de ses actions à un tiers qui voterait en sa faveur. Ce serait une fraude contre les droits de la majorité légale.

La loi suppose que les manœuvres frauduleuses ont réussi, qu'elles ont « créé une majorité ». Elles ne seraient pas punissables si elles avaient été tentées sans succès. Il n'y aurait pas non plus de délit si des personnes étrangères à la société se présentaient comme propriétaires d'actions dont elles représentent seulement les propriétaires, pourvu que ceux-ci aient le droit de se faire représenter (1).

En principe, les porteurs d'actions en report doivent être considérés comme propriétaires des actions qu'ils détiennent et admis à ce titre aux assemblées générales. Il faudrait cependant leur appliquer l'article 13 si, en fait, leur ingérence avait été pratiquée frauduleusement, en vue de créer une majorité factice dans une assemblée dont des spéculateurs chercheraient à se rendre maîtres (2).

5° L'article 64 de la loi de 1867 prévoit une dernière contravention : « Dans tous les actes, factures,

---

(1) Pont, n° 1551.

(2) Paris, 19 avril 1875, D. 1875. 2. 161.

annonces, publications et autres documents imprimés ou autographiés, émanés des sociétés anonymes ou des sociétés en commandite par actions, la dénomination sociale doit toujours être précédée ou suivie immédiatement de ces mots écrits lisiblement en toutes lettres : *Société anonyme* ou *Société en commandite par actions* et de l'énonciation du montant du capital social. — Toute contravention aux dispositions qui précèdent est punie d'une amende de cinquante francs à mille francs.

Le capital qui doit être énoncé est le capital nominal, celui qui existait au moment de la constitution. On n'en déduit pas les pertes éprouvées par la société. Peut-être eût-il mieux valu faire connaître aux tiers le capital réel, qui constitue leur véritable garantie. Mais on n'a pas voulu imposer aux sociétés l'obligation de donner à leurs pertes une si grande publicité. Les tiers feront bien de consulter les inventaires sociaux (1).

Les énonciations prescrites par l'art. 64 ne sont nécessaires que pour les documents imprimés ou autographiés. Il résulte des travaux préparatoires qu'on ne les a pas imposées aux documents manuscrits (2).

L'art. 63 permet à toute personne de se faire délivrer au siège de la société une copie certifiée des

(1) La loi belge (art. 67) ne rend pas la mention du capital obligatoire, mais veut que, si on la fait, ce soit d'après le dernier bilan.

(2) Pont, n° 1182.

statuts moyennant paiement d'une somme qui ne doit pas excéder un franc. Il ordonne en outre à la société d'afficher d'une manière apparente dans ses bureaux les pièces déposées au greffe de la justice de paix. On s'est demandé si ces dispositions ne sont pas sanctionnées par le dernier paragraphe de l'article 64, d'après lequel « toute contravention aux dispositions qui précèdent est punie d'une amende de cinquante à mille francs. » La comparaison de la loi de 1867 avec la loi de 1863 (art. 28) prouve qu'il ne faut pas lui donner cette portée (1).

« Ce n'est pas à dire, ajoute M. Mathieu, que les infractions aux prescriptions de l'art. 63 resteraient sans aucune sanction. Elles en ont une certainement : seulement cette sanction consiste en dommages-intérêts et ne donne lieu qu'à des débats civils. Au cas par exemple où les administrateurs d'une société anonyme refuseraient, non seulement à l'un de leurs actionnaires, mais même à un tiers, les communications, les expéditions, extraits ou copies auxquels ils sont tenus à l'égard de toute personne, l'actionnaire, le tiers pourrait les assigner devant le tribunal de commerce, pour leur faire enjoindre d'avoir à se conformer aux prescriptions de la loi dans le plus bref délai, à peine de dommages-intérêts que devrait la société par chaque jour de retard. Il pourrait même, en cas d'urgence, se pourvoir en référé de-

---

(1) Pont, n° 1184.

vant le président du tribunal civil qui, par provision, aurait le droit d'ordonner la communication et la délivrance immédiate des actes et documents dont il est question dans l'art. 63.

Enfin si le refus ou le retard de ces communications et délivrances de pièces avait causé à la personne qui les réclamait un préjudice appréciable, il va sans dire que la société en devrait la réparation, sauf son recours contre les administrateurs (1). »

87. — Les peines prononcées par les articles 13, 14 et 15 de la loi de 1867 peuvent être réduites s'il y a des circonstances atténuantes. L'article 16, déclare en effet que l'article 463 du Code pénal est applicable aux faits prévus par les trois précédents.

D'après l'article 463 : « Dans les cas où la peine de l'emprisonnement et celle de l'amende sont prononcées par le Code pénal, si les circonstances paraissent atténuantes, les tribunaux correctionnels sont autorisés, même en cas de récidive, à réduire l'enprisonnement même au-dessous de six jours et l'amende même au-dessous de seize francs; ils peuvent aussi prononcer séparément l'une ou l'autre de ces peines et même substituer l'amende à l'emprisonnement, sans qu'en aucun cas elle puisse être au-dessous des peines de simple police. »

Le tribunal correctionnel peut donc, en déclarant qu'il y a des circonstances atténuantes, abaisser la

(1) Mathieu et Bourguignat, n° 327.

peine prononcée contre les administrateurs jusqu'au minimum des peines de simple police, c'est-à-dire jusqu'à un franc, ou jusqu'à un jour d'emprisonnement. Il peut même, dans les cas où la loi prononce à la fois une amende et un emprisonnement, n'appliquer que l'amende de un franc.

88. — Les délits prévus par la loi de 1867 ne doivent pas être punis seulement dans leurs auteurs mais aussi dans les complices qui les ont assistés (art. 59 du Code pénal). L'art. 60 du Code pénal déclare complices : « Ceux qui par dons, promesses, menaces, abus d'autorité ou de pouvoir, machinations ou artifices coupables auront provoqué à l'action délictueuse ou donné des instructions pour la commettre; — Ceux qui auront procuré des armes, des instruments ou tout autre moyen qui aura servi à l'action, sachant qu'ils devaient y servir; — Ceux qui auront, avec connaissance, aidé ou assisté les auteurs de l'action dans les faits qui l'auront préparée ou facilitée, ou dans ceux qui l'auront consommée. »

La complicité supposant une intention frauduleuse, les administrateurs qui sont restés de bonne foi ne peuvent être condamnés correctionnellement pour les délits imputables à leurs collègues. Ainsi, lorsqu'un conseil d'administration a faussement déclaré qu'une souscription restée incomplète était entièrement couverte, les membres du conseil qui ont été induits en erreur ne sont passibles d'aucune peine. Nous devons remarquer aussi que l'abstention ne constitue pas une complicité: elle peut seulement donner lieu à la responsabilité civile.

89. — Lorsque les administrateurs ont commis un délit pénal, les actionnaires ou les tiers auxquels ce délit a causé un préjudice peuvent se constituer parties civiles devant le tribunal correctionnel pour en demander la réparation. Ils peuvent, dans ce cas, exercer leur action en responsabilité de deux manières: soit devant la juridiction civile, suivant les règles ordinaires, soit devant la justice répressive qui est compétente pour condamner le coupable à la fois à une peine et à des dommages-intérêts. La condamnation prononcée est exécutoire par voie de contrainte par corps (art. 4 et 5 de la loi du 22 juillet 1867), tandis que la responsabilité civile ne rend pas les administrateurs contraignables par corps.

Si le ministère public n'a pas pris l'initiative des poursuites, les parties lésées peuvent citer directement les auteurs du délit devant le tribunal correctionnel (art. 182 du Code d'instruction criminelle). Elles mettent en mouvement par là l'action publique et le tribunal doit se prononcer sur l'application d'une peine. Ou bien, elles peuvent adresser au juge d'instruction une plainte dans laquelle elles se constituent partie civile devant lui (art. 63 du Code d'instruction criminelle). Le juge d'instruction doit commencer une information. Dans les deux cas, la demande de dommages-intérêts n'est accueillie que si une peine est en même temps prononcée.

Si le ministère public a déjà commencé des poursuites, les actionnaires ou les tiers qui ont éprouvé un préjudice peuvent intervenir et joindre leur action à la sienne. Pour cela ils prennent à l'instance des conclusions à fin de dommages-intérêts. — Ceux qui se constituent parties civiles deviennent devant la juridiction répressive les adversaires de l'inculpé. Les actes importants de la procédure leur sont signifiés. Ils peuvent être rendus responsables d'une accusation jugée téméraire ou calomnieuse. Dans ce cas, s'il n'y a eu que légèreté de leur part, ils sont passibles de dommages-intérêts. S'ils ont agi de mauvaise foi, l'article 373 du Code pénal prononce contre eux un emprisonnement de un mois à un an et une amende de cent francs à trois mille francs.

Il est donc dangereux d'intenter devant la juridiction répressive une action en responsabilité pour cause de délit, si l'existence du délit n'est pas bien prouvée. Mais les actionnaires y trouvent l'avantage de provoquer l'application d'une peine, alors même que le ministère public refuse de commencer les poursuites.

90. — Lorsque l'action civile est poursuivie séparément devant les tribunaux civils, l'exercice en est suspendu tant qu'il n'a pas été statué définitivement sur l'action publique intentée devant les tribunaux de répression avant ou pendant la poursuite de l'action civile (art. 3, § 2, Code d'instr. crim.). Supposons par exemple qu'un certain nombre d'actionnaires demandent des dommages-intérêts aux administrateurs pour nullité de la société et simulation de souscriptions. Si le même fait de simulation est relevé par le ministère public qui défère les administrateurs au tribunal correctionnel, le procès en responsabilité civile ne pourra être jugé qu'après le procès correctionnel. Et la solution de ce dernier procès aura une influence sur le premier, car le jugement rendu au criminel s'impose à la juridiction civile. Les faits qui auront été admis par le tribunal correctionnel ne pourront plus être contestés, tandis que ceux dont il n'aura pas reconnu l'existence, seront tenus pour inexistants. Cependant une condamnation pourra être prononcée par le tribunal civil quand même la juridiction répressive aurait renvoyé les prévenus de la poursuite, car il y a des faits qui donnent lieu à une responsabilité civile, sans constituer des délits de droit pénal. Et par exemple, dans le cas où la nullité de la société serait prononcée parce que toutes les actions n'auraient pas été souscrites, les administrateurs responsables de la nullité devraient des dommages-intérêts, bien qu'ils n'aient eu recours à aucune simulation.

91. — Nous devons rappeler, en terminant ce chapitre, une disposition de la loi sur la presse du 29 juillet 1881 qui concerne le délit de diffamation commis contre les administrateurs. D'après l'art. 35 al. 2 de cette loi, « la vérité des imputations diffamatoires et injurieuses pourra être établie contre les directeurs et administrateurs de toute entreprise industrielle, commerciale ou financière, faisant publiquement appel à l'épargne ou au crédit. — Si la preuve du fait diffamatoire est rapportée, le prévenu sera renvoyé des fins de la plainte. »

Les administrateurs des sociétés anonymes sont assimilés à cet égard aux fonctionnaires publics. « Ils revêtent en quelque sorte un caractère public, disait le rapport au Sénat, par cela seul qu'ils font appel à la fortune publique. Il ne saurait nous convenir de nous élever contre les associations de capitaux qui sont la force vive de la richesse. La plupart de ces entreprises sont loyales et fécondes. Mais il en est d'autres qui ne sont que des spéculations, des maisons de jeu qui voient les cartes, comme on l'a dit. On reprocha un jour à la presse, du haut de la tribune, de ne pas signaler ces détournements de l'épargne nationale, mais elle ne les eût dénoncés que pour courir à une condamnation certaine, par l'interdiction de la preuve en matière de diffamation. Votre commission a voulu autoriser cette preuve pour mettre la crédulité à l'abri de l'exploitation. » (Dalloz, 1881. 4. 81). Il résulte de la discussion que cette disposition concerne seulement les actes par lesquels les administrateurs font appel au crédit. La loi n'autorise pas la preuve des imputations diffamatoires qui ont pour objet leurs autres actes.

La loi belge du 18 mai 1873 est plus large. Elle décide (art. 135) que « la preuve des imputations dirigées, à raison de faits relatifs à leur gestion ou à la surveillance contre les gérants, administrateurs et commissaires des sociétés en commandite par actions, des sociétés anonymes et des sociétés coopératives, sera admise par toutes les voies ordinaires conformément aux art. 6, 7 et 8 du décret du 20 juillet 1831, sur la presse. »

CHAPITRE VIII.

PRESCRIPTION ET COMPÉTENCE.

I.

92. — Au bout de combien de temps la responsabilité des administrateurs est-elle couverte par la prescription ? La loi de 1867 ne contient aucune disposition à cet égard. Nous devons distinguer entre la responsabilité civile et la responsabilité pénale : la durée de la prescription n'est pas la même pour toutes deux.

Lorsque les administrateurs se sont rendus coupables d'un fait délictueux puni par la loi de 1867 ou par le Code pénal, l'action publique et l'action civile se prescrivent également par trois ans (art. 638, Code d'instr. crim.). Nous reviendrons tout à l'heure sur les conséquences de ce principe.

93. — Lorsqu'il s'agit seulement de responsabilité civile, la prescription de droit commun est de trente ans. Mais le Code de commerce a établi pour les sociétés commerciales une prescription abrégée : « Toutes actions contre les associés non liquidateurs et leurs veuves, héritiers ou ayants-cause sont prescrites cinq ans après la fin ou la dissolution de la société, si l'acte de société qui en annonce la durée, ou l'acte de dissolution a été affiché et enregistré conformément aux articles 42, 43, 46, et si, cette formalité remplie, la prescription n'a été interrompue à leur égard par aucune poursuite judiciaire (art. 64). »

Remarquons d'abord que cet article ne s'applique pas pendant la durée de la société, ni aux administrateurs chargés de la liquidation. De plus il ne s'applique pas, de l'avis de tout le monde, aux actions que les associés peuvent avoir les uns contre les autres. La prescription de cinq ans ne peut donc pas être opposée par les administrateurs aux actionnaires (1).

Peut-elle être opposée aux tiers? Oui, si on admet avec la jurisprudence que l'article 64 a eu en vue les sociétés anonymes aussi bien que celles où les associés sont tenus personnellement et solidairement de toutes les dettes sociales (2). Non, si on admet le contraire (3). Dans ce cas, l'article 64 n'aurait rien à faire avec la responsabilité des administrateurs. Et en effet les administrateurs ne sont pas dans la même situation que les associés en nom collectif ou les gé-

---

(1) En 1863, la commission du Corps législatif proposa d'établir une prescription de cinq ans au profit des administrateurs. On répondit qu'il n'y avait pas de motifs pour déroger au droit commun suivant lequel les actions entre associés durent trente ans et la proposition fut écartée (Duvergier, *Bulletin des Lois*, 1863, p. 393).

(2) Pont, n. 2007. — Cass. 21 juillet 1835, S. 1836, 1. 121. — La loi belge (art. 127-5°) a établi au profit des administrateurs une prescription de cinq ans.

(3) Lyon-Caen et Renault, n. 581. — La distinction résulte des travaux préparatoires (Locré, t. XVII, p. 271 à 277).

rants d'une société en commandite. Tandis que ceux-ci répondent sur leurs biens des fautes de leurs associés, eux ne répondent ordinairement que de leurs propres fautes.

Les mêmes règles sont applicables lorsque les administrateurs sont poursuivis en responsabilité pour nullité de la société. Mais ils ne peuvent être condamnés qu'autant que la nullité a été prononcée. Si elle était prescrite, l'action en responsabilité ne serait pas possible. Suivant certains auteurs, la nullité ne pourrait plus être demandée au bout de dix ans. Il s'agit en effet d'une nullité relative, non opposable aux tiers (art. 1304 du Code civil). Mais on admet plus généralement que la nullité, étant d'ordre public, n'est pas prescriptible (1), ou n'est prescriptible que par trente ans (2). Et dans ces deux opinions, sa prescription reste sans influence sur l'action en nullité.

94. — La durée de la prescription n'est pas la même pour la responsabilité civile et la responsabilité pénale. Comment faut-il la calculer lorsque le même fait donne lieu aux deux responsabilités?

Il est arrivé que des administrateurs, poursuivis devant les tribunaux civils, en réparation du dommage qu'ils avaient causé se sont défendus en disant que les faits incriminés constituaient des délits de droit pénal et comme tels étaient prescrits au bout

---

(1) Pont, n. 1239.

(2) Bédarride, n. 160 et sq.

de trois ans. Par exemple, la société ayant été déclarée nulle parce que toutes les actions n'avaient pas été souscrites, les administrateurs-fondateurs invoquaient la prescription de trois ans, parce que la simulation de souscription est un délit puni par l'article 15 de la loi de 1867.

En effet, le Code d'instruction criminelle (art. 637 et 638) a associé, quant à la prescription, le sort de l'action civile en réparation du délit au sort de l'action publique, alors même que ces deux actions seraient exercées devant deux tribunaux différents. Le législateur n'a pas voulu que « des faits délictueux pussent être révélés et judiciairement constatés à une époque où la société et le ministère public étaient désarmés (1). » C'est cette règle souvent critiquée, qui affranchit plus tôt les auteurs d'une faute, lorsqu'ils l'ont commise de mauvaise foi, qu'on invoque : elle n'est pas toujours applicable.

Il ne faut pas l'appliquer si les actionnaires ou les tiers peuvent reprocher aux administrateurs plusieurs fautes, dont quelques-unes seulement ont un caractère délictueux. Ainsi, dans l'hypothèse que nous avons prévue de nullité et de simulation, si la simulation de souscription est un délit, la nullité par elle-même ne suppose pas un délit. Les administrateurs en restent responsables après trois ans (2).

(1) Labbé, Dissertation, *Journal des Sociétés*, 1881, p. 169.

(2) Paris, 14 novembre 1880. S. 1882. 2. 17. — Paris, 13 janvier 1882, D. 1883. 2. 73.

De plus, la prescription abrégée du droit pénal ne doit être appliquée qu'à l'action civile résultant du délit. « Si le demandeur peut faire valoir une action ayant une autre base que le délit, une action prenant sa source dans une disposition du droit civil et qui ne résulte pas du délit, encore bien que ce soit le délit qui lui donne l'occasion de naître, cette action n'est pas atteinte par la prescription criminelle (1). »

Le fait délictueux laisse en effet subsister tous les droits qui existaient avant lui et en dehors de lui. Il en résulte que la plupart du temps les administrateurs ne peuvent pas invoquer le bénéfice de l'article 638 dans leurs rapports avec la société, car la société a contre eux l'action de mandat et on admet que la prescription criminelle ne concerne pas les actions nées d'un contrat ou d'un quasi-contrat.

II.

Devant quels tribunaux doivent être portées les actions en responsabilité contre les administrateurs?

Nous écartons l'hypothèse déjà étudiée où il s'agirait de la réparation d'un délit de droit pénal. Le tribunal compétent peut être le tribunal de commerce ou le tribunal civil.

95. — La jurisprudence pose en principe la compétence du tribunal de commerce, soit que les

---

(1) Note de E. Villey. Sirey, 1882. 2. 17. — Thaller, *Revue critique*, 1883, p. 337.

administrateurs soient poursuivis par des actionnaires ou par des créanciers sociaux. « Les membres du conseil de surveillance d'une société par actions, a dit la Cour de cassation dans un arrêt du 23 juillet 1877 (1), sont investis, tant dans l'intérêt des tiers que dans l'intérêt des actionnaires d'un véritable mandat qui, étant relatif aux opérations d'une société de commerce participe de leur nature et a un caractère commercial. » La même idée, appliquée aux administrateurs d'une société anonyme, se retrouve dans deux arrêts de la Cour de Paris du 28 juin et du 2 août 1870 (2).

M. Pont admet ce principe en le modifiant un peu (3). Les administrateurs, d'après lui, seront toujours traités comme des commerçants, au point de vue de la compétence. Mais il peut se faire qu'ils soient poursuivis par des non-commerçants. Dans ce cas, les demandeurs pourront à leur choix s'adresser au tribunal de commerce ou au tribunal civil. Car, dans un débat entre deux personnes dont une seulement est commerçante, ou à propos d'une opération commerciale pour l'une d'elles seulement, celle des parties qui n'est pas commerçante et n'a pas fait acte de commerce peut actionner l'autre devant l'une

(1) Cité par Pont, n. 1547.

(2) Sirey, 1874. 1. 98 (2e arrêt) et 1874. 1. 103.

(3) Pont, n. 1547. — M. Pont suppose l'action dirigée contre les membres du conseil de surveillance d'une société en commandite par actions. Mais les principes sont les mêmes.

ou l'autre juridiction. La Cour de Paris a jugé en ce sens que l'actionnaire d'une société en commandite qui n'est pas commerçant et qui a fait, en entrant dans la société, un simple placement de capitaux peut porter devant le tribunal civil l'action en responsabilité intentée par lui contre les membres du conseil de surveillance auxquels il impute des agissements illicites l'ayant amené à souscrire ses actions (1).

En dehors même de cette hypothèse, l'action en responsabilité contre les administrateurs a souvent été portée devant les tribunaux civils. La jurisprudence tend, en effet, à admettre que l'incompétence de ces tribunaux pour les procès de nature commerciale n'est pas absolue et peut être couverte par l'accord des parties.

96. — Nous croyons qu'il faut distinguer entre l'action qui appartient aux actionnaires et celle qui appartient aux créanciers de la société (2). Celle des actionnaires doit être portée devant les tribunaux de commerce. L'art. 631-2° du Code de commerce dit, en effet, que « ces tribunaux connaîtront des contestations entre associés, pour raison d'une société de commerce. » C'est précisément l'hypothèse que nous prévoyons. Les administrateurs sont nécessairement les associés des actionnaires, puis-

(1) Paris, 26 janvier 1874, S. 1876. 2. 3. — Angers, 12 mars 1873, S. 1874, 2. 214.

(2) Lyon-Caen et Renault, n. 450.

qu'ils doivent posséder un certain nombre d'actions.

L'action des créanciers sociaux est, au contraire, de la compétence des tribunaux civils. Nous ne supposons pas, en effet, que ces créanciers réclament l'exécution d'un contrat passé entre eux et les administrateurs pour le compte de la société : c'est contre la société qu'ils devraient agir. Nous supposons que les administrateurs ont commis un délit ou un quasi-délit et qu'on leur en demande réparation. Or, les délits ou quasi-délits ne donnent lieu à la compétence commerciale qu'à deux conditions. Il faut d'abord qu'ils créent des obligations entre commerçants, ensuite qu'ils aient été commis à l'occasion d'actes de commerce. Ici, la première de ces conditions fait défaut : nous avons déjà dit que les administrateurs ne sont pas commerçants.

On dit qu'ils remplissent un mandat commercial. Ils font, en effet, des actes de commerce, mais pour le compte de la société. Ils n'agissent pas en leur nom. Si leur mandat est rémunéré, cela ne suffit pas pour lui donner le caractère commercial, pas plus qu'à celui des employés de la société.

CHAPITRE IX.

DES RÉFORMES LÉGISLATIVES.

97. — La grande œuvre législative, à laquelle les sociétés par actions ont donné lieu n'est pas terminée. Après le Code de commerce, après les lois de 1856 et de 1863, la loi de 1867 va être remplacée à son tour par une loi nouvelle. Les difficultés toujours plus nombreuses, les besoins toujours plus grands de la pratique, la complication croissante des intérêts et des combinaisons rendent ces changements nécessaires. Les sociétés anonymes sont aujourd'hui dépositaires d'une grande partie de la fortune publique : plus que jamais la loi doit veiller sur elles et protéger l'épargne contre la spéculation.

Le jour viendra sans doute où son intervention sera moins utile. Le public apprendra à distinguer les placements sérieux, les sociétés honnêtes et les hommes dignes de confiance. Mais son éducation n'est pas faite ; elle sera encore longue à faire. Le succès des plus folles entreprises, des manœuvres les plus audacieuses prouve qu'on peut tout attendre de sa crédulité. Trois fois notre siècle a assisté à un effondrement de la richesse nationale causé par les abus des sociétés par actions. En dehors des grandes crises, on n'a jamais compté toutes les ruines que ces sociétés ont faites, ruines qui atteignent surtout les petits capitalistes trop dénués d'expérience. Il faut autant que possible empêcher de pareils malheurs (1).

C'est pourquoi le projet d'une loi nouvelle sur les sociétés, destinée à remplacer la loi de 1867, a été présenté par le gouvernement au Sénat (2). Avant d'étudier ce projet, qui subira peut-être d'importantes modifications, nous devons remarquer qu'il n'a pas d'influence sur les sociétés actuelle-

---

(1) Le président du tribunal de la Seine, se plaignant de l'augmentation des faillites de sociétés anonymes, pendant l'année 1881-1882, disait : « D'après l'ancienne loi, l'anonymat n'était obtenu qu'avec l'autorisation du Gouvernement. Sous ce régime, les faillites des sociétés anonymes se présentaient à l'état d'exception. Mais depuis la loi de 1867 qui a rendu libres ces sortes de sociétés, les choses ont complètement changé. Toutes les grandes entreprises, toutes les affaires financières et industrielles, se constituent aujourd'hui sous la forme de sociétés anonymes ; les faillites qui en sont la conséquence dépassent de beaucoup toutes les autres, si ce n'est en nombre, tout au moins en importance ; et nous avons la profonde douleur de constater qu'elles affectent plutôt l'épargne que le commerce proprement dit.

Le nombre des faillites de sociétés anonymes actuellement en cours est de 117, dont 95 ont été déclarées dans les deux dernières années. — En 1878, il a été déclaré 16 faillites de ces sociétés ; en 1879, 14 ; en 1880, 18 ; en 1881, 44 ; en 1882, 51. » — Il ajoutait que ces faillites sont souvent l'œuvre de la fraude et de la mauvaise foi (*Revue des Sociétés*, 1883, p. 204).

(2) Comme nous, la Belgique, l'Allemagne, l'Autriche et l'Espagne se préparent à remanier leurs lois sur les sociétés par actions.

ment existantes. Ces sociétés resteront soumises aux règles que nous avons indiquées (art. 46 du projet). Il faudra qu'elles se transforment si elles veulent être soumises au régime nouveau.

I.

Le projet du gouvernement, élaboré par une commission extra-parlementaire, ne change pas les principes de la loi de 1867, principes qui sortent en général du droit commun. Il maintient la plupart des règles particulières qu'elle a établies. Mais, comme l'avait fait cette loi, il règle des situations nouvelles (1), tranche des controverses qui ont agité l'opinion ; cherche à prévenir les fraudes que l'expérience a fait connaître.

98. *Dispositions relatives aux fonctions des administrateurs.*— Les administrateurs des sociétés anonymes restent définis dans le projet « des mandataires à temps, révocables, salariés ou gratuits, pris parmis les associés » (art. 14-1°). Toutes les dispositions actuelles sur leur nomination et la durée de leurs fonctions, sur leur droit de choisir un directeur ou un mandataire substitué, sur le dépôt de garantie qu'ils doivent fournir, sont maintenues dans les mêmes termes (art. 15, 14-2°, 17). Il est re-

(1) Par exemple la situation des obligataires et celle des sociétés étrangères.

grettable qu'on n'ait pas tenu compte des critiques adressées à la loi de 1867 en ce qui concerne les deux dernières : il serait utile d'éclairer et d'améliorer la loi sur ces deux points. Il faudrait dire exactement dans quelle mesure les administrateurs peuvent déléguer leurs pouvoirs, soit au directeur qu'ils choisissent, soit à l'un d'eux, dans quelle mesure ils répondent de leur délégué, et effacer cette mention bizarre d'un mandataire substitué. Il faudrait aussi supprimer la solidarité réelle établie sur les actions de garantie. On pourrait la remplacer par un système semblable à celui de la loi belge (art. 48), en décidant par exemple que tous les administrateurs sont tenus de déposer le même nombre d'actions, affectées par privilège à la garantie de leur gestion, sans qu'ils soient nécessairement propriétaires de ces actions. Tout au moins devrait on dire que la solidarité réelle cesse dans le cas où les statuts obligent tous les administrateurs à déposer le même nombre d'actions. C'est une mesure exceptionnelle, contraire au principe que chacun ne répond que de sa propre faute : il faut autant que possible en restreindre l'application.

99. — Le projet charge les commissaires de surveillance de vérifier avec les administrateurs que la société a été régulièrement constituée, et permet de remédier aux vices de sa constitution. D'après son article 16 : « Les commissaires doivent immédiatement, après leur nomination, vérifier si toutes les dispositions contenues dans les articles qui précèdent ont été observées; s'ils constatent l'inobservation d'une ou de plusieurs de ces dispositions, ils doivent, avant qu'aucune opération sociale ait été commencée, mettre les administrateurs en demeure de s'y conformer et de convoquer à bref délai la réunion d'une assemblée générale à laquelle il sera rendu compte et demandé une approbation nouvelle; dans ce cas, la société n'est définitivement constituée qu'après cette approbation.

C'est une amélioration importante. « D'après les textes antérieurs, tels qu'ils étaient interprétés par la jurisprudence, dit le rapport de M. Arnault, les nullités encourues jusqu'à la constitution n'admettaient pas de remède. Il fallait tout recommencer, si on voulait se mettre en règle. Le second paragraphe de l'article 16 permet aux administrateurs, sur la mise en demeure des commissaires, ou même d'office, de réparer l'omission, de convoquer à bref délai l'assemblée générale et de lui demander une approbation nouvelle; après quoi, la société sera définitivement constituée. Mais ce remède n'est applicable qu'avant toute opération sociale; il laisserait après, les choses en l'état, c'est-à-dire subsister la cause de nullité (1). »

D'autre part, l'art. 32 du projet décide que « les formalités et conditions prévues pour la constitution

(1) Rapport de la commission extra-parlementaire publié par M. Arnault, p. 68.

de la société sont applicables à toute augmentation du capital social. » La jurisprudence et la doctrine l'avaient déjà dit, mais il était bon de l'écrire dans la loi.

100. — Les obligations et les pouvoirs des administrateurs restent à peu près les mêmes.

Ils sont tenus de faire les mêmes communications aux commissaires et aux actionnaires avant l'assemblée générale (art. 26 et 27). Le projet, ajoute seulement que leur rapport doit être déposé, trois jours avant l'assemblée, au siège social où chaque actionnaire peut le consulter. Les dispositions de la loi de 1867 sur la constitution d'une réserve, la convocation d'une assemblée générale en cas de perte des trois quarts du capital social, sur les entreprises et marchés avec la société, sont conservées sans changement (art. 28, 39, 36).

Aucune règle nouvelle n'est imposée aux administrateurs pour la confection des inventaires et l'évaluation des bénéfices. Toutefois le projet comble une lacune de la loi actuelle en indiquant dans quels cas il est permis de distribuer des intérêts aux actionnaires, même en l'absence de bénéfices. D'après l'article 29. « Les statuts peuvent déclarer que des intérêts seront payés aux actionnaires, même en l'absence de bénéfices, sous les conditions suivantes : 1° que le taux de ces intérêts ne puisse pas dépasser 5 0/0 des sommes versées ; — 2° que ce prélèvement ne puisse avoir lieu que pendant la période du premier établissement dont le terme est fixé par les statuts sans pouvoir être dépassé ; — 3° que cette clause des statuts soit rendue publique. »

Le projet indique aussi dans quels cas il est permis à la société de racheter ses actions et quelles sont les conséquences du rachat. L'article 33 permet le rachat dans les cas suivants : « 1° Lorsqu'il porte sur des actions libérées et se fait avec l'autorisation de l'assemblée générale, au moyen de bénéfices ou de réserves en dehors de la réserve statutaire ; — 2° lorsqu'il est fait pour un amortissement prévu par les statuts; — 3° lorsque, le rachat se faisant avec une portion du capital social, toutes les conditions et formalités prescrites pour la réduction de ce capital ont été remplies. — Les titres d'actions achetés par une société dans les deux derniers cas ci dessus doivent être annulés. — La nullité des achats faits contrairement aux dispositions du présent article ne peut être prononcée qu'autant que le vendeur a été de mauvaise foi. »

L'article 34 ajoute que « les actions achetées par une société, qui ne doivent pas être annulées, peuvent être représentées à l'assemblée générale des actionnaires, et comptées dans la composition de la majorité nécessaire, mais qu'il n'y est pas attaché de droit de vote, sauf les cas de liquidation de la société ou de réduction du capital social. » Enfin, d'après l'article 35, « les administrateurs qui, hors des cas prévus par l'article 33, ont fait ou autorisé les achats sont, dans tous les cas, responsables envers la société des conséquences de cette opération (1). »

101. — Le projet (art. 18, 19, 20, 21) reproduit les articles 27, 28, 29 et 30 de la loi de 1867 sur les assemblées d'actionnaires, en y joignant deux dispositions nouvelles. Il décide que les assemblées générales extraordinaires qui n'auront pas réuni à la première convocation un nombre d'actionnaires représentant la moitié du capital social, pourront valablement délibérer, si le cinquième du capital y est représenté, à la seconde convocation (art. 21). Et de plus, il détermine le pouvoir de ces assemblées pour la modification des statuts. « Sauf dispositions contraires, expressément insérées dans les statuts, elles ne peuvent, dit l'article 23 : 1° augmenter ou diminuer le chiffre du capital social ; — 2° prolonger ou réduire la durée de la société ; — 3° changer la quotité de la perte qui rend la dissolution obligatoire ; — 4° décider la fusion avec une autre société ; — 5° modifier le partage des bénéfices. — Dans aucun cas, elles ne peuvent changer l'objet essentiel de la société. » Le droit de faire les modifications autres que celles prévues par cet article leur est implicitement reconnu, dans le cas même où les statuts n'en disent rien (2).

Les fonctions des commissaires de surveillance

---

(1) Voyez, pour le commentaire de ces dispositions, le rapport de M. Arnault, p. 81-88.

(2) Rapport de M. Arnault, p. 74.

restent soumises aux mêmes règles (art. 32, 33 et 34 de la loi de 1867; art. 24, 25 et 26 du projet). Leur droit de contrôle reste limité à trois mois seulement pendant lesquels ils peuvent prendre communication des livres et examiner les opérations de la société. On n'a tenu compte ni des critiques qui se sont élevées contre cette limitation, ni de l'exemple des législations étrangères que nous avons citées plus haut. Avec un tel système, les administrateurs se trouvent pendant les trois quarts de l'année, maîtres absolus de la société. S'ils sont malhonnêtes, les commissaires arrivent à temps pour constater que la caisse est vide.

102. — Jusqu'ici le projet ne s'écarte guère de la loi de 1867 : nous arrivons à une innovation importante qui introduit un élément nouveau dans l'organisation sociale.

On sait que les sociétés anonymes empruntent souvent en émettant des obligations. Les porteurs d'obligations ne participent pas comme les actionnaires aux bénéfices sociaux, ils reçoivent seulement un intérêt; mais, comme les autres créanciers, ils sont payés par préférence sur le capital. Les obligations passent donc avec raison pour un placement plus sûr que les actions. Cependant elles ont donné lieu à de nombreux abus, que le silence de la loi a rendus possibles. D'abord on a émis des obligations qui n'offraient aucune garantie, le capital social étant trop faible ou déjà compromis. Ensuite, les intérêts des obligataires, souvent plus considérables que ceux des actionnaires, n'étant pas représentés dans l'administration de la société, ont été sacrifiés sans scrupule.

La loi de 1867 ne contient aucune disposition sur les porteurs d'obligations; le projet leur consacre un titre entier (titre V). Nous en retiendrons seulement les dispositions qui se rapportent à l'administration et qui créent à côté des pouvoirs existants jusqu'ici dans les sociétés anonymes, un pouvoir nouveau. Le projet établit des assemblées générales d'obligataires et des commissaires nommés par ces assemblées pour surveiller leurs intérêts. En sorte que les administrateurs seront désormais soumis à un double contrôle: celui des actionnaires et de leurs commissaires; celui des obligataires et de leurs commissaires. Celui-ci sera naturellement moins rigoureux et moins complet; en outre, il n'existera pas dans tous les cas.

Il aura lieu dans deux cas seulement: lorsque cela aura été stipulé dans les clauses de l'emprunt et lorsque des sûretés spéciales appartiendront aux porteurs d'obligations (1). Les porteurs seront convoqués en assemblée générale, à la diligence des administrateurs, dans le mois qui suivra, soit le

---

(1) Art. 79 et 82. — Lorsque des sûretés spéciales ont été accordées aux porteurs d'obligations, il faut qu'ils aient des représentants pour veiller à leur conservation. (Voyez sur tous ces points le rapport de M. Arnault (p. 111-116, 120-122).

commencement de l'émission, soit la clôture de la souscription (1). L'assemblée désignera un ou plusieurs commissaires, dont les pouvoirs dureront jusqu'à ce qu'ils aient été remplacés ou réélus par une assemblée ultérieure (art. 79).

Les art. 80, 81, 82 et 83 déterminent le rôle de ces commissaires :

Art. 80. — « Ils ne peuvent s'immiscer dans la gestion des affaires sociales; ils ont droit aux mêmes communications, délivrances de pièces ou de copies, que les actionnaires, et aux mêmes époques : ils peuvent assister à toutes les assemblées générales quelconques des actionnaires sans participer ni aux discussions ni aux votes. »

Art. 81. — « Ils peuvent demander aux administrateurs de la société de convoquer l'assemblée des porteurs d'obligations autant de fois qu'il y aura des assemblées générales d'actionnaires et aux frais de la société. Ils peuvent aussi convoquer eux-mêmes les porteurs d'obligations hors des cas ci-dessus prévus, mais aux frais de ceux d'entre eux qui composent cette assemblée spéciale. »

Art. 82. — « Au cas spécial où des sûretés particulières, comme des privilèges ou hypothèques, ou d'autres causes légitimes de préférence, doivent appartenir aux porteurs d'obligations, les commis-

(1) L'art. 85 du projet règle la convocation et la composition des assemblées des porteurs d'obligations.

saires ont qualité pour provoquer et consentir, au nom de l'assemblée desdits porteurs, tous actes relatifs à ces sûretés. »

Art. 83. — « Ils peuvent et doivent surveiller l'emploi des fonds empruntés, si la destination des fonds a été indiquée lors de l'émission des obligations, et si une sûreté particulière doit résulter de leur emploi. »

En dehors des droits que nous venons d'indiquer, le projet (art. 78) accorde aux porteurs d'obligations, qui forment le vingtième du capital représenté par chaque série d'obligations, le bénéfice de plaider par procureur lorsqu'ils agissent comme créanciers de la société. Enfin il oblige les administrateurs, lorsqu'un emprunt à réaliser sous forme d'obligations devra avoir pour sûreté la concession d'une hypothèque, à requérir dans les formes ordinaires une inscription éventuelle au profit de la masse des futurs porteurs d'obligations (art. 84).

Dispositions relatives à la responsabilité des administrateurs. — « Le projet, dit le rapport de M. Arnault (p. 33), est conçu dans un esprit à la fois de sévérité et d'indulgence : sévérité à l'égard de la fraude et des hommes de mauvaise foi, indulgence aux hommes de bonne foi. Les pénalités sont renforcées contre le dol; les responsabilités sont atténuées et ramenées à de justes limites, toutes les fois que le dol n'apparaît pas, qu'on ne se trouve en présence que de fautes et de négligences. »

103. — Les principes ne sont pas changés quant à la responsabilité civile. L'art. 37 du projet reproduit, dans ses termes mêmes, l'art. 44 de la loi de 1867 : « Les administrateurs sont responsables, conformément aux règles du droit commun, individuellement ou solidairement, suivant les cas, envers la société ou envers les tiers, soit des infractions aux dispositions de la présente loi, soit des fautes qu'ils auraient commises dans leur gestion, notamment en distribuant ou en laissant distribuer sans opposition des dividendes fictifs. » C'est l'application du droit commun et on ne peut guère imaginer d'autres règles en cette matière.

Mais le projet condamne l'interprétation donnée par la jurisprudence à l'art. 42 de la loi de 1867 sur la responsabilité des administrateurs, en cas de nullité de la société, et ramène cette responsabilité à de justes limites. « Lorsque la nullité de la société, dit l'art. 42 du projet, a été prononcée en vertu des dispositions de la présente loi, les fondateurs auxquels elle est imputable sont solidairement responsables, à l'égard des tiers ou des actionnaires, du dommage résultant de cette annulation. — La même responsabilité solidaire peut être prononcée contre les administrateurs en fonctions au moment où la nullité a été encourue (1). »

(1) Voyez le rapport de M. Arnault (p. 90-96). — L'indemnité due par les administrateurs se borne à la réparation du préjudice

De plus, l'article 44 du projet déclare que « l'action en nullité et l'action en responsabilité qui résulte de cette nullité ne sont plus recevables, trois ans après la constitution de la société, lorsque avant l'introduction de la demande la cause de nullité a cessé d'exister. — Lorsque les causes de nullité des actes ou délibérations sont postérieures à la constitution de la société, les actions ne sont plus recevables trois ans après le jour où la nullité a été encourue. » Cette disposition diminuera le nombre des procès en nullité dont on a tant abusé depuis quelque temps : elle rendra l'avenir des sociétés moins incertain. Les causes de nullité peuvent se glisser dans les sociétés les plus honorables. Il importe beaucoup que celles qu'on croit solides le soient en effet et ne puissent pas être détruites après de longues années par la découverte d'un vice ignoré donnant naissance à des responsabilités inattendues (1).

Il conviendrait même d'abréger dans tous les cas la prescription de l'action en responsabilité contre les administrateurs, en décidant par exemple qu'elle se prescrira par cinq ans après qu'ils auront cessé leurs fonctions. Les administrateurs, au moins en

---

causé. Les tribunaux apprécieront dans quels cas ils sont responsables et notamment si les premiers administrateurs répondent de la nullité encourue avant leur nomination.

(1) La Belgique prépare aussi une loi qui remédie à l'abus des nullités. (Projet de modification de la loi du 18 mai 1873 sur les sociétés, présenté par MM. Guillery, Pirmez et de Lantsheere).

théorie, ne font pas leurs propres affaires, mais les affaires des autres. Si on leur impose des obligations rigoureuses, il ne faut pas leur en faire supporter trop longtemps les conséquences. Il faut autant que possible réduire le temps des procès dans les sociétés anonymes, où l'on n'entre qu'en passant, où les intérêts sont si changeants, où les situations veulent être promptement liquidées.

La loi belge nous donne l'exemple. Elle déclare prescrites par cinq ans toutes actions contre les administrateurs, commissaires, liquidateurs, pour faits de leur mandat, à partir de ces faits. Elle exige même que l'action individuelle des actionnaires, dans le cas où l'assemblée générale a approuvé la gestion sociale, soit intentée dans l'année à partir de cette approbation (art. 127).

104. — Le titre VIII du projet contient les règles de la responsabilité pénale des administrateurs. Il rassemble les dispositions que la loi de 1867 avait disséminées dans divers titres et y joint des dispositions nouvelles, destinées à punir des délits qui restaient impunis.

« Le projet, dit le rapport (p. 150), a codifié les sanctions pénales dans une série d'articles, dont l'esprit est le suivant : user de rigueur à l'égard du dol, se montrer indulgent pour les fautes commises de bonne foi. Les diverses prescriptions imposées aux représentants des sociétés, par les divers articles de la loi, ont été reprises une à une, et celles dont l'oubli ou le mépris mérite une sanction pénale sont visées dans des textes qu'il suffit de lire pour se convaincre que le projet s'est tenu dans la juste mesure, entre l'excès de sévérité et l'excès de faiblesse. Les pénalités graves se rapprochant de celles de l'escroquerie, sont exclusivement réservées à la mauvaise foi caractérisée. » — Ces dernières expressions sont trop vagues ; il sera bon qu'on indique exactement dans la discussion de la loi quelles fautes doivent être punies en l'absence de mauvaise foi et qu'on réduise autant que possible le nombre de ces fautes.

1° Le projet (art. 98-1°) punit, comme la loi de 1867 (art. 13-1°), d'une amende de 500 à 10.000 fr. l'émission, la délivrance ou la négociation d'actions ou de coupons d'actions d'une société irrégulièrement constituée. Il y ajoute un emprisonnement de quinze jours à six mois qui peut être élevé jusqu'à deux ans, lorsqu'il s'agit des actions ou coupons d'actions d'une société dont le capital n'a pas été entièrement souscrit ou dont les versements déclarés n'ont pas été effectués.

2° Il maintient les peines prononcées (art. 13-3° et 4°, de la loi de 1867) contre ceux qui, en se présentant comme propriétaires d'actions qui ne leur appartiennent pas, ont créé une majorité factice dans une assemblée générale et ceux qui ont remis les actions pour en faire un usage frauduleux.

3° et 4°. La distribution de dividendes fictifs en

l'absence d'inventaires ou au moyen d'inventaires frauduleux; la simulation de souscriptions et de versements, les fausses publications prévues par l'article 15 de la loi de 1867 restent punies des peines de l'escroquerie (art. 100). Le projet permet aux juges d'élever l'amende jusqu'à 10.000 fr. (1).

5° L'article 105 du projet punit d'une amende de 500 à 1000 fr. toute contravention aux dispositions des articles 74 et 76, dernier alinéa, réglant les énonciations que doivent porter les documents émanés de la société, les titres d'actions et d'obligations (2) (Cf. art. 64 de la loi de 1867). Il ajoute que toute énonciation ou dissimulation frauduleuse donne lieu à une peine d'emprisonnement d'un mois à un an.

Ces dispositions sont empruntées, au moins en partie, à la loi de 1867 : d'autres sont entièrement nouvelles.

6° Art. 97 : « Est punie d'une amende de 500 à 10.000 fr. et d'un emprisonnement d'un mois à deux ans toute fausse déclaration relative à la souscription du capital social primitif ou de ses augmentations et à la réalité des versements, lorsqu'elle a eu pour

(1) Le projet prononce les mêmes peines contre les commissaires de surveillance qui, dans l'accomplissement de leur mandat, ont constaté sciemment comme vrais des faits faux ou fait de mauvaise foi des rapports inexacts (art. 100-5°).

(2) Nous passons sous silence les dispositions relatives aux sociétés étrangères, qui n'entrent pas dans le cadre de cette étude.

conséquence la constitution définitive de la société. »

7° L'article 99-1° du projet prononce une amende de 500 à 10.000 fr. et un emprisonnement de quinze jours à six mois contre les administrateurs ou directeurs qui commencent les opérations sociales avant la constitution définitive de la société.

8° L'article 101 punit d'une amende de 500 à 10.000 fr. et d'un emprisonnement de quinze jours à un an « les administrateurs et directeurs qui en cette qualité ont : 1° contrevenu aux dispositions des statuts interdisant certains genres d'opérations; 2° fait des achats d'actions de leur société contrairement aux dispositions de la présente loi ; 3° revendu ou fait revendre des actions régulièrement achetées et qui auraient dû être annulées. »

9° Art. 102 : « Sont passibles des peines édictées en l'article 402 du Code pénal les administrateurs ou directeurs d'une société anonyme qui, en cette qualité, se sont rendus coupables des faits prévus aux articles 585, §§ 2, 3 et 4; 586, §§ 3, 4, 5 et 6 et 592 du Code de commerce. » — « Cet article, dit le rapport (p. 150), punit des peines de la banqueroute frauduleuse ou de la banqueroute simple les faits commis par les administrateurs, directeurs ou délégués à ces fonctions d'une société anonyme, lorsque ces faits auraient entraîné la même peine pour un commerçant. Cela ne veut pas dire que la loi considère ces personnes comme étant devenues commerçantes, parce qu'elles ont administré ou dirigé une société anonyme. Elles sont assimilées à des commerçants pour une pénalité déterminée, attachée à certains faits également déterminés, et rien de plus. La loi n'a pas entendu créer une nouvelle catégorie de commerçants. »

10° L'article 103 punit d'un emprisonnement de deux à six mois et d'une amende de 100 à 6.000 fr., l'émission d'obligations faite en dehors des conditions prescrites par l'article 65 du projet et la publication de cette émission.

11° Art. 104 : « Est punie d'une amende de 500 à 10.000 francs toute infraction aux dispositions de la présente loi relatives à la publicité qui doit précéder les souscriptions, émissions et ventes publiques d'actions et d'obligations d'une société par actions. — Toute énonciation ou dissimulation frauduleuse dans les actes de publication donne lieu aux peines édictées par l'article 405 du Code pénal. »

Le projet (art. 107) admet, comme la loi de 1867, l'application des circonstances atténuantes pour tous les délits que nous venons d'énumérer. Mais, d'autre part, il introduit une peine nouvelle. « Dans tous les cas où la présente loi prononce la peine d'emprisonnement, dit l'article 106, le tribunal peut, en outre, déclarer le condamné incapable d'exercer les fonctions de juge au tribunal de commerce ou de membre d'une chambre de commerce ou d'une chambre consultative des arts et manufactures pendant un délai qui ne peut excéder cinq années. »

On voit que le projet augmente notablement les pénalités établies contre les actes frauduleux des administrateurs (1). Sa rigueur n'est pas exagérée, car les fraudes qu'il prévoit sont à la fois très coupables et très dangereuses : elles font plus de mal que bien des crimes. Il faut absolument arrêter les succès des spéculateurs qui volent en grand : ils n'ont certes pas le droit de réclamer. Quant aux administrateurs honnêtes, ils n'ont rien à craindre de peines qui ne s'appliquent qu'à la mauvaise foi caractérisée.

II.

105. — Le projet que nous venons de résumer améliore et complète la loi de 1867. Nous lui reprochons cependant de ne pas réaliser toutes les réformes utiles, en ce qui concerne l'administration des sociétés. Il laisse sans réponse des questions d'un grand intérêt. Il n'accorde pas aux actionnaires des garanties dont ils ont besoin et que les législations étrangères leur ont données.

Nous ne demandons pas qu'on augmente les obli-

---

(1) « Il va sans dire, fait observer le rapport (p. 151), que ces diverses pénalités viennent s'ajouter à celles du Code pénal pour les faits non prévus par le projet. Ainsi, nos articles ne parlent pas du faux : il demeure donc réprimé en notre matière par les dispositions ordinaires des lois criminelles ; il en est de même des dispositions générales sur la récidive, la complicité, etc. En un mot, nos articles complètent pour la matière spéciale des sociétés ceux du Code pénal, mais ne les éliminent pas. »

gations ni la responsabilité des administrateurs, mais qu'on augmente les droits des actionnaires. Il ne faut pas abuser contre les administrateurs des prescriptions de la loi : en limitant étroitement leurs pouvoirs, on arrêterait la marche de la société. Ils ont besoin d'une grande initiative et d'une grande autorité. Ils doivent être libres, mais surveillés. Or, dans l'état actuel, la surveillance des actionnaires fait complètement défaut : comme les lois précédentes, le projet ne dit presque rien de leurs rapports avec l'administration.

Quels sont aujourd'hui ces rapports? Une fois par an, les actionnaires viennent à l'assemblée générale entendre leurs administrateurs et presque toujours ils sont condamnés à les approuver, car ils ne connaissent pas les affaires sociales. Les renseignements qu'on leur donne sont insuffisants. La plupart se rendent si bien compte de leur impuissance qu'ils finissent par ne plus assister à l'assemblée. L'usage s'est introduit d'envoyer des pouvoirs en blanc au conseil d'administration qui, par ce moyen, compose d'avance une majorité certaine. Dans les cas les plus graves, lorsque les délibérations ont une importance capitale, les actionnaires s'abstiennent, parce qu'ils ne sont pas avertis.

Si leur surveillance n'est pas efficace à l'assemblée générale, elle est nulle en dehors de cette assemblée, même en présence d'un péril imminent, d'une fraude probable, les actionnaires sont désarmés. Ils n'ont le droit ni de convoquer une assemblée nouvelle, ni d'obtenir des renseignements sur les affaires sociales : on n'a pas de comptes à leur rendre. Quoi qu'il arrive, ils sont liés pour un an par le vote qu'ils ont donné et quelquefois un an suffit à leurs mandataires pour les dépouiller.

Les commissaires de surveillance, à la vérité, ont été institués pour exercer le contrôle que n'exercent pas les actionnaires (1). Mais souvent ils sont d'accord avec les administrateurs. Ils sont ordinairement nommés en même temps qu'eux, sur les mêmes listes, et les approuvent presque toujours devant l'assemblée générale. C'est un grand bien, s'ils sont honnêtes : la société est perdue dans le cas contraire. Pendant un an, les administrateurs et les commissaires, s'ils s'entendent, sont inamovibles et peuvent faire tout ce qu'ils veulent (2).

---

(1) Nous avons vu que, d'après notre loi, et même d'après le projet, le pouvoir des commissaires ne dure que trois mois. Pendant les neuf autres mois, il n'y a aucun contrôle.

(2) Voici en quels termes l'exposé de motifs du projet de loi allemand sur les sociétés par actions apprécie la situation faite aux actionnaires : « Pendant l'existence de la société, l'assemblée générale, d'après les règles existantes, peut à peine vérifier les situations apparentes qu'on lui présente. Le penchant naturel de l'actionnaire à s'abstenir de toute initiative est favorisé par le peu de droits que la loi accorde à cette assemblée, par la faculté donnée aux statuts d'en écarter les actionnaires qui possèdent peu d'actions, par l'absence de toute protection contre les fraudes qui dénaturent la volonté de la majorité et par l'impuissance de l'actionnaire isolé à s'opposer à la mauvaise gestion. Les communications faites aux actionnaires et au public sur la situation de la société sont insuffisantes et trompeuses. On peut en dire autant de la manière dont est dressé le

Il importe donc que les actionnaires exercent eux-mêmes une certaine surveillance, et que, en dehors de l'assemblée générale, ils puissent intervenir, dans les circonstances graves, pour sauvegarder leurs intérêts. Il ne faut pas exagérer leurs droits, ce serait entraver l'administration, mettre l'anarchie dans la société et livrer le secret de ses affaires à tout le monde. Jusqu'à preuve contraire, les administrateurs et les commissaires doivent être réputés fidèles à leur mandat (1). Mais il faut que la preuve contraire puisse être faite.

106. — Nous avons vu quelles mesures sont prises pour préparer les délibérations de l'assemblée générale : il serait utile d'y joindre deux mesures nouvelles. 1° Il conviendrait d'exiger que la convocation adressée aux actionnaires indiquât les questions qui doivent être discutées. Sans cela, les administrateurs peuvent faire passer à l'insu de la majorité réelle les résolutions les plus importantes.

L'article 646 du Code suisse des obligations a éta-

---

bilan. Le sort de la société est abandonné aux administrateurs et aux commissaires de surveillance qui jouissent d'un pouvoir presqu'illimité et qui peuvent souvent s'entendre pour agir dans leur intérêt privé contre l'intérêt de la société. » (*Entwurf eines Gesetzes betreffend die Kommanditgesellschaften auf Actien und die Actiengesellschaften — Allgemeine Begründung* (p. 83).

(1) L'exposé de motifs du projet allemand (p. 236) fait justement remarquer que si on considérait les administrateurs comme les ennemis des actionnaires, il vaudrait mieux supprimer les sociétés par actions.

bli cette condition : « L'ordre du jour de la réunion doit toujours être indiqué dans la convocation. Il ne peut être pris aucune décision sur des objets ne figurant pas à l'ordre du jour, si ce n'est sur la proposition faite en séance de convoquer une assemblée générale extraordinaire. Il n'est pas nécessaire qu'on ait annoncé d'avance les propositions et les délibérations qui ne doivent pas être suivies d'un vote. » L'article 238 du Code de commerce allemand et l'article 155 du Code de commerce italien contiennent une disposition semblable.

2° Il faudrait que l'inventaire communiqué aux actionnaires fût dressé d'après certaines règles. Il est trop facile de déguiser dans un inventaire, qu'on peut faire à sa guise, la véritable situation d'une société. Nous avons cité plus haut les dispositions du Code suisse (art. 656) à ce sujet. Voici maintenant celles du projet allemand (art. 185 a. et 239 c.) : 1° les valeurs ou marchandises, qui ont un prix à la Bourse ou sur le marché, doivent au plus être cotées à ce prix (1) ; 2° les autres biens doivent au plus être évalués au prix coûtant ; s'ils se détériorent par l'usage, on devra tenir compte de leur détérioration ; 3° les établissements qui servent aux affaires de la société et les autres biens qui ne sont pas destinés à être aliénés peuvent être évalués au prix de

(1) Le Code suisse prend la moyenne des cours pendant le mois qui précède la date du bilan (art. 656-3°). Ce mode d'évaluation nous paraît plus sûr.

revient, pourvu qu'on tienne compte de leur dépréciation par l'usage ou qu'on leur consacre un fonds de renouvellement convenable (1); 4° les frais d'organisation et d'administration ne doivent pas être portés à l'actif, mais être portés en totalité comme dépense au compte de l'année (2); 5° le capital et le fonds de réserve doivent être portés au passif. Dans le cas d'une augmentation de capital, les actions émises au-dessous du pair seront comptées pour leur valeur nominale (3); 6° le gain ou la perte qui résulte de la comparaison de l'actif et du passif doit être spécialement indiqué à la fin du bilan. — (Cf. le Code de commerce hongrois (§ 199), et le projet de réforme du Code de commerce autrichien (art. 185 a.).

Le projet ajoute (art. 239 a.) que des commissaires spéciaux peuvent être désignés par l'assemblée des actionnaires pour vérifier le bilan et que l'assemblée doit en ajourner l'examen lorsque cela est demandé par une minorité qui représente le vingtième du

---

(1) L'exposé de motifs (p. 260) fait oberver que les établissements et le matériel de la société ont une valeur difficile à estimer, que dans tous les cas la société ne pourrait pas réaliser, puisqu'elle a besoin de ses établissements et de son matériel pour fonctionner.

(2) Cette règle est trop rigoureuse. Le Code suisse (art. 656-1°) donne cinq ans à la société pour amortir ses frais de premier établissement.

(3) Cette règle a pour but, dit l'exposé de motifs (p. 263), que les actionnaires puissent se rendre compte du capital existant, qu'ils pourraient se partager, toutes dettes payées. Il ne doit pas être distribué de dividendes jusqu'à ce que le capital nominal soit reconstitué.

capital social, à la condition toutefois que cette minorité critique en particulier certains articles du bilan. Le tribunal de commerce peut nommer à sa requête des contrôleurs dont le rapport est communiqué à l'assemblée. Les administrateurs sont déchargés pour les articles du bilan qui n'ont pas été critiqués.

On a demandé, dit l'exposé de motifs (p. 256), d'imposer aux sociétés par actions des formules d'inventaire qui devraient être remplies par les administrateurs. L'usage de ces formules empêcherait les dissimulations et les fraudes, donnerait aux actionnaires tous les renseignements dont ils ont besoin, rendrait leur contrôle plus facile. Mais il est impossible de trouver une formule pour toutes les sociétés. Le projet se borne donc à décider que le chancelier de l'Empire aura le droit d'imposer, quand il le jugera convenable, une formule d'inventaire à une catégorie de sociétés.

Le projet allemand contient en outre deux dispositions importantes sur la composition et les votes de l'assemblée générale, dispositions qui offrent peut-être autant d'inconvénients que d'avantages. Il décide que chaque actionnaire aura au moins une voix (art. 190). Les statuts pourront limiter le nombre de voix appartenant au même actionnaire, mais ne pourront pas, comme ils le font d'ordinaire, fixer un nombre minimum d'actions qui donne le droit d'entrer à l'assemblée générale. Nous aimons mieux la disposition du projet de réforme du Code de commerce autrichien (art. 224) qui permet aux actionnaires exclus de l'assemblée de se réunir pour nommer un représentant.

En second lieu, le projet défend aux administrateurs de voter dans les délibérations qui doivent les décharger d'une responsabilité ou d'une obligation, ou qui concernent leurs intérêts (art. 190-3° et 221). Cette disposition existe déjà dans le Code suisse des obligations (art. 655-2°) et le Code italien (art. 161). Elle est inspirée par une défiance qui peut sembler excessive.

On s'est quelquefois plaint de l'influence exercée par les porteurs d'actions en report dans les assemblées générales. Ils n'ont aucun intérêt réel dans la société et cependant ils prennent part aux délibérations les plus importantes. Les reports deviennent un des moyens employés pour composer une majorité factice. Il conviendrait de décider que les actions en report ne doivent pas être représentées dans les assemblées et d'établir une peine contre ceux qui s'en servent frauduleusement. Les reporteurs ne pourraient pas s'en plaindre ; ils ne courent pas les mêmes risques que les actionnaires et au bout de quelques jours ils n'ont plus leurs actions.

107. — La plupart des législations étrangères ont déjà reconnu aux actionnaires, agissant en dehors de l'assemblée générale, deux droits importants qui leur permettent de ressaisir la direction de la société quand ils l'ont confiée à des hommes malhonnêtes ou inhabiles. Ce sont : le droit de demander une enquête sur la situation sociale et le droit de convoquer l'assemblée générale. En faisant faire une enquête, ils peuvent acquérir la preuve des infidélités qu'ils soupçonnent ; en réunissant l'assemblée, ils peuvent destituer les administrateurs dont ils se défient. L'exercice inconsidéré de ces droits nuirait à la société : on le soumet à des conditions rigoureuses, telles que les actionnaires ne puissent s'en servir que dans les circonstances graves.

1° D'après l'article 124 de la loi belge du 18 mai 1873 : « Le tribunal de commerce peut, dans des circonstances exceptionnelles, sur la requête d'actionnaires possédant le cinquième des intérêts sociaux, signifiée avec assignation à la société, nommer un ou plusieurs commissaires ayant pour mission de vérifier les livres et comptes de la société. — Il entend les parties en chambre du conseil et statue en audience publique. — Le jugement précisera les points sur lesquels portera l'investigation et fixera la consignation préalable à effectuer pour le paiement des frais ; ces frais pourront être compris dans ceux de l'instance auxquels donneraient lieu les faits constatés. — Le rapport sera déposé au greffe. » Le Code de commerce hongrois (§ 175) et le projet de réforme du Code de commerce autrichien (art. 224 g.) accordent également aux actionnaires le droit de demander une enquête, lorsqu'ils représentent le dixième du capital social. Nous avons cité plus haut les dispositions du Code de commerce italien (art. 153) sur ce point (cf. Code suisse des obligations, art. 641).

Le projet allemand (art. 190 b. et 222) contient des dispositions semblables. Il exige la représentation d'un dixième du capital. Il attribue au tribunal de commerce un pouvoir très étendu pour accueillir ou écarter la demande qui lui est faite. Les demandeurs doivent prouver la vraisemblance de fraudes, ou au moins de violations de la loi ou des statuts, commises par les administrateurs. Le tribunal entend les explications de ceux-ci avant de décider l'enquête, afin qu'elle n'ait pas lieu inutilement. Il est autorisé, pour prévenir la chicane et garantir les intérêts de la société, à exiger des plaignants toutes les garanties qu'il juge nécessaires. L'enquête est faite par des commissaires spéciaux, les actionnaires n'ont pas le droit de s'y mêler (1). Toutes ces dispositions paraissent de nature à protéger suffisamment les administrateurs contre des réclamations mal fondées (2).

(1) Voyez l'exposé de motifs, p. 247 et sq.

(2) La Cour de cassation, dans un arrêt du 3 décembre 1872 (D. 1873. 1. 191), a reconnu aux actionnaires un droit analogue à celui que nous réclamons pour eux. Cet arrêt nous paraît tout-à-fait contraire à l'esprit de la loi de 1867, qui en toutes circonstances a limité si étroitement l'ingérence des actionnaires et même des commissaires de surveillance dans l'administration. Mais il prouve l'utilité d'une réforme sur ce point. Voici une partie de ses motifs (il s'agit d'une société en commandite par actions) : « Attendu que si l'art. 12 de la loi de 1867 se borne à prescrire la communication aux actionnaires des sociétés en commandite des bilans, des inven-

2° Nous avons vu plus haut que le Code de commerce italien (art. 159) et la loi belge (art. 60) permettent aux actionnaires de demander la réunion d'une assemblée générale, lorsqu'ils représentent le cinquième du capital social. Le même droit leur est accordé par le Code suisse des obligations (art. 645) et le Code de commerce allemand, qui se contentent de la représentation d'un dixième, réduite à un vingtième par le projet allemand (art. 237).

En 1867, MM. Picard et Bethmont avaient proposé

---

taires et des rapports du Conseil de surveillance, quinze jours au moins avant l'assemblée générale, il ne résulte nullement de ces dispositions que les actionnaires ne soient pas fondés à réclamer en justice, que la comptabilité, le portefeuille, la caisse et les divers documents sociaux soient mis à leur disposition au siège de la société, lorsqu'ils justifient qu'ils ont un intérêt sérieux à en prendre connaissance; — que, copropriétaires du capital social, ils ont le droit incontestable de veiller à sa conservation et de vérifier quelle est la situation exacte de la société; — que ce contrôle doit, il est vrai, être habituellement exercé dans l'intérêt commun de tous, par le Conseil de surveillance, parce que le gérant ne saurait, sans de graves inconvénients, être contraint de subir à chaque instant les investigations abusives, peut-être hostiles, de tout porteur d'actions; — mais qu'il ne s'ensuit pas que, dans des circonstances exceptionnelles, dont l'appréciation leur est abandonnée, les tribunaux ne puissent pas permettre à un ou plusieurs actionnaires agissant individuellement de prendre communication au siège social des livres et des valeurs de la société, afin de s'assurer de l'importance des pertes subies et de la manière dont le gérant et les membres du Conseil de surveillance ont accompli leur mandat. » L'arrêt permet aux actionnaires autorisés à prendre communication des livres sociaux de se faire assister par un comptable. Remarquons qu'une pareille jurisprudence serait entourée de beaucoup moins de garanties que la disposition que nous voudrions voir dans la loi.

l'amendement suivant sur l'art. 11 de la loi : « Sur la réquisition d'un nombre quelconque d'actionnaires, représentant au moins un cinquième du capital, le gérant ou le conseil de surveillance doit convoquer une assemblée générale. — Cette réquisition fait mention de l'objet de la convocation. Si le gérant ou le conseil de surveillance n'y obtempèrent pas, vingt et un jours après la date du dépôt, la convocation peut être faite directement par les actionnaires. » Cet amendement s'appliquait aux sociétés en commandite par actions, mais il eût été sans doute étendu aux sociétés anonymes, s'il eût été adopté. La commission du Corps législatif le repoussa : Si cette proposition était admise, dit le rapport de M. Mathieu, elle jetterait une perturbation profonde dans le régime sous lequel ont vécu jusqu'ici les sociétés en commandite et constituerait une atteinte véritable aux principes qui les régissent. Ce serait, à certains égards, le gouvernement de l'affaire transporté du pouvoir qui le personnifie et en répond aux commanditaires inconnus des tiers et irresponsables, mais à la condition qu'ils n'agissent pas... Placer le gérant et le conseil de surveillance lui-même sous le coup d'une réquisition d'une minorité, ce serait affaiblir l'autorité de l'un et de l'autre, introduire des germes d'anarchie au sein de la société (1). »

(1) Tripier, t. I, p. 258.

Devant le Corps législatif, on déclara que les actionnaires avaient des garanties suffisantes, que c'était assez du contrôle de l'assemblée annuelle, et l'amendement fut rejeté (1). Il serait bon de le reprendre.

Ce sont, en principe, les administrateurs qui doivent, sur la requête des actionnaires, convoquer l'assemblée générale. Les législations étrangères ont donné diverses sanctions à cette obligation. Le projet autrichien (art. 237) permet au tribunal de commerce de condamner les administrateurs qui ne s'y conforment pas à trois mois de prison. Le Code de commerce italien (art. 159, 184-8°) décide qu'à leur défaut les commissaires feront la convocation. Le Code de commerce hongrois (§ 178), qu'elle sera faite par la justice, si l'assemblée n'a pas été convoquée par les administrateurs huit jours après qu'ils en ont été sommés. Le projet allemand veut que les actionnaires la fassent eux-mêmes, après avoir obtenu l'autorisation du tribunal de commerce (art. 237). Le tribunal peut refuser cette autorisation.

D'après le même projet, les actionnaires peuvent faire mettre des propositions à l'ordre du jour, lorsque l'assemblée générale est convoquée. Ils doivent en indiquer les motifs à ceux qui sont chargés de la convocation, et, s'ils ne font pas droit à leur requête, obtenir du tribunal de commerce autorisation de pu-

(1) Tripier, t. II, 543-545.

blier leur ordre du jour. — L'article 152 du Code de commerce italien oblige les commissaires de surveillance à tenir compte dans leur rapport des réclamations faites par un groupe d'actionnaires représentant le dixième au moins du capital social.

108. — Notre projet de loi ne contient aucune disposition sur les droits de la minorité des actionnaires. Nous avons vu cependant que la détermination de ces droits donne lieu à d'assez grandes difficultés. Le principe, c'est que la minorité peut toujours réclamer l'observation de la loi ou des statuts tant qu'ils ne sont pas modifiés; mais on n'est pas d'accord sur les conséquences de ce principe, notamment en ce qui concerne les actions en responsabilité contre les administrateurs et l'effet des ratifications consenties par l'assemblée générale.

Le projet allemand contient sur ce sujet des dispositions qu'il est intéressant de connaître. Il permet à tout actionnaire de faire annuler une résolution de l'assemblée générale contraire à la loi ou aux statuts, en enfermant ce droit dans des limites étroites, pour ne pas tenir les intérêts de la société en suspens (art. 190 a. et 222). Il faut que l'actionnaire ait assisté à l'assemblée dont il veut attaquer la résolution et qu'il ait fait inscrire son opposition au procès-verbal. Le silence de l'actionnaire présent est regardé comme une approbation et on considère que l'actionnaire absent a accepté d'avance les décisions de l'assemblée, à moins que la convocation n'ait pas été faite régulièrement ou n'ait pas suffisamment indiqué l'objet de la délibération. — Il faut en outre que l'actionnaire qui réclame dépose pendant tout le procès les actions qui lui donnaient le droit de vote et que sa réclamation soit faite dans les trois mois depuis la réunion de l'assemblée.

L'action en responsabilité contre les administrateurs coupables d'une violation de la loi ou des statuts, n'est pas accordée à chaque actionnaire agissant individuellement, dans la crainte de réclamations multipliées et vexatoires. Elle peut être exercée seulement par un groupe d'actionnaires représentant le cinquième du capital (art. 223). Les ratifications consenties par l'assemblée générale ne lui sont pas opposables, pourvu qu'elle ait été intentée dans les trois mois depuis la réunion de l'assemblée (art. 213 d.).

L'art. 175 du Code suisse des obligations limite à un temps encore plus court le droit des actionnaires : « Lorsque par décision de l'assemblée générale, ceux qui pourraient être poursuivis en dommages et intérêts en vertu des art. 671, 672 et 674, ont été libérés de leur responsabilité, cette décision n'est opposable à un actionnaire que s'il y a adhéré, ou s'il n'a formé aucune opposition dans les six mois à dater du moment où il en a eu connaissance, ou s'il a acheté ses actions postérieurement à la décision et en parfaite connaissance de cause. »

Nous ne voulons pas examiner ici la question de

la représentation de la minorité dans l'administration des sociétés anonymes. Mais nous devons indiquer que le projet de réforme du Code de commerce autrichien lui accorde un représentant dans le conseil de surveillance si elle peut réunir le tiers des voix sur son candidat (art. 191 et 225).

109. — En résumé, nous demandons que la loi future accorde, sous certaines conditions, aux actionnaires, le droit de convoquer l'assemblée générale et même de provoquer une enquête sur la situation de la société; qu'elle rende obligatoire l'indication de l'ordre du jour dans les convocations qui leur sont adressées; qu'elle impose des règles aux administrateurs pour la confection des inventaires, et qu'elle écarte des assemblées les porteurs d'actions en reports. Enfin, nous voudrions qu'elle déterminât les droits de la minorité.

On s'est beaucoup récrié contre les dispositions « irritantes » de la loi de 1867. On reprochera peut-être à ces propositions de compliquer à l'excès l'organisation de la société, d'affaiblir l'autorité des administrateurs, d'exagérer le rôle des actionnaires. Nous avons dit pour quelles raisons elles nous semblent utiles. Jusqu'à présent, le rôle des actionnaires a été de perdre leur argent quand les administrateurs ont voulu le leur prendre. Il y a bien peu d'exemples de sociétés où l'assemblée générale se soit aperçue à temps qu'elle avait mal placé sa confiance. Il y a trop d'exemples de fraudes qu'une surveillance plus efficace aurait prévenues. Les réformes que nous proposons se justifient par des faits; l'histoire de ces dernières années en est la meilleure raison. — Nous admettons d'ailleurs qu'on impose aux actionnaires, pour l'exercice de leurs nouveaux droits, des conditions rigoureuses, difficiles à remplir, qui les empêchent d'en abuser, qu'on exige même une autorisation du tribunal ou de la chambre de commerce. L'exemple des nations étrangères prouve que sous ce régime les sociétés par actions peuvent être prospères.

Ces précautions sont prises contre les administrateurs qui trahissent leur mandat. Ceux qui font leur devoir ne doivent pas s'en alarmer. Il sera difficile d'exciter contre eux les soupçons d'un grand nombre d'actionnaires et d'obtenir, sans raisons sérieuses, l'autorisation dont nous avons parlé. S'il arrive qu'une réclamation injuste franchisse les barrières établies pour les protéger, ils n'auront pas de peine à s'en défendre. La loi ne leur impose pas d'autres obligations que celles qu'ils trouvent dans leur conscience. Elle leur demande d'être honnêtes, de mener soigneusement et loyalement les affaires de la société, comme ils mènent leurs propres affaires. Si tous les administrateurs agissaient ainsi, la plupart des règles législatives que nous avons étudiées n'existeraient pas.

LOI

Du 24-29 juillet 1867, sur les Sociétés.

TITRE Ier.

Des Sociétés en commandite par actions.

Art. 1er. Les sociétés en commandite ne peuvent diviser leur capital en actions ou coupons d'actions de moins de cent francs, lorsque ce capital n'excède pas deux cent mille francs, et de moins de cinq cents francs lorsqu'il est supérieur. — Elles ne peuvent être définitivement constituées qu'après la souscription de la totalité du capital social et le versement, par chaque actionnaire, du quart au moins du montant des actions par lui souscrites. — Cette souscription et ces versements sont constatés par une déclaration du gérant dans un acte notarié. — A cette déclaration sont annexés la liste des souscripteurs, l'état des versements effectués, l'un des doubles de l'acte de société, s'il est sous-seing privé, et une expédition, s'il est notarié et s'il a été passé devant un notaire autre que celui qui a reçu la déclaration. — L'acte sous-seing privé, quel que soit le nombre des associés, sera fait en double original, dont l'un sera annexé, comme il est dit au paragraphe qui précède, à la déclaration de souscription du capital et de versement du quart, et l'autre restera déposé au siège social.

2. Les actions ou coupons d'actions sont négociables après le versement du quart.

3. Il peut être stipulé, mais seulement par les statuts constitutifs de la société, que les actions ou coupons d'actions, pourront, après avoir été libérés de moitié, être convertis en actions au porteur par délibération de l'assemblée générale. Soit que les actions restent nominatives après cette délibération, soit qu'elles aient été converties

en actions au porteur, les souscripteurs primitifs qui ont aliéné les actions et ceux auxquels ils les ont cédées avant le versement de moitié restent tenus au paiement du montant de leurs actions pendant un délai de deux ans, à partir de la délibération de l'assemblée générale.

4. Lorsqu'un associé fait un apport qui ne consiste pas en numéraire, ou stipule à son profit des avantages particuliers, la première assemblée générale fait apprécier la valeur de l'apport ou la cause des avantages stipulés. — La société n'est définitivement constituée qu'après l'approbation de l'apport ou des avantages, donnée par une autre assemblée générale, après une nouvelle convocation. — La seconde assemblée générale ne pourra statuer sur l'approbation de l'apport ou des avantages qu'après un rapport qui sera imprimé et tenu à la disposition des actionnaires, cinq jours au moins avant la réunion de cette assemblée. — Les délibérations sont prises par la majorité des actionnaires présents. Cette majorité doit comprendre le quart des actionnaires et représenter le quart du capital social en numéraire. — Les associés qui ont fait l'apport ou stipulé des avantages particuliers soumis à l'appréciation de l'assemblée n'ont pas voix délibérative. — A défaut d'approbation, la société reste sans effet à l'égard de toutes les parties. — L'approbation ne fait pas obstacle à l'exercice ultérieur de l'action qui peut être intentée pour cause de dol ou de fraude. — Les dispositions du présent article relatives à la vérification de l'apport qui ne consiste pas en numéraire ne sont pas applicables au cas où la société à laquelle est fait ledit apport est formée entre ceux seulement qui en étaient propriétaires par indivis.

5. Un conseil de surveillance, composé de trois actionnaires au moins, est établi dans chaque société en commandite par actions. — Ce conseil est nommé par l'assemblée générale des actionnaires immédiatement après la constitution définitive de la société et avant toute opération sociale. — Il est soumis à la réélection aux époques et suivant les conditions déterminées par les statuts. — Toutefois le premier conseil n'est nommé que pour une année.

6. Ce premier conseil doit, immédiatement après sa nomination, vérifier si toutes les dispositions contenues dans les articles qui précèdent ont été observées.

7. Est nulle et de nul effet à l'égard des intéressés toute société en commandite par actions constituée contrairement aux prescriptions

des articles 1er, 2, 3, 4 et 5 de la présente loi. — Cette nullité ne peut être opposée aux tiers par les associés.

8. Lorsque la société est annulée, aux termes de l'article précédent, les membres du premier conseil de surveillance peuvent être déclarés responsables, avec le gérant, du dommage résultant, pour la société ou pour les tiers, de l'annulation de la société. — La même responsabilité peut être prononcée contre ceux des associés dont les apports ou les avantages n'auraient pas été vérifiés et approuvés conformément à l'article 4 ci-dessus.

9. Les membres du conseil de surveillance n'encourent aucune responsabilité en raison des actes de la gestion et de leurs résultats. — Chaque membre du conseil de surveillance est responsable de ses fautes personnelles, dans l'exécution de son mandat, conformément aux règles du droit commun.

10. Les membres du conseil de surveillance vérifient les livres, la caisse, le portefeuille et les valeurs de la société. — Ils font, chaque année, à l'assemblée générale, un rapport dans lequel ils doivent signaler les irrégularités et inexactitudes qu'ils ont reconnues dans les inventaires, et constater, s'il y a lieu, les motifs qui s'opposent aux distributions des dividendes proposés par le gérant. — Aucune répétition de dividendes ne peut être exercée contre les actionnaires, si ce n'est dans le cas où la distribution en aura été faite en l'absence de tout inventaire ou en dehors des résultats constatés par l'inventaire. — L'action en répétition, dans le cas où elle est ouverte, se prescrit par cinq ans, à partir du jour fixé pour la distribution des dividendes. — Les prescriptions commencées à l'époque de la promulgation de la présente loi, et pour lesquelles il faudrait encore, suivant les lois anciennes, plus de cinq ans, à partir de la même époque, seront accomplies par ce laps de temps.

11. Le conseil de surveillance peut convoquer l'assemblée générale et, conformément à son avis, provoquer la dissolution de la société.

12. Quinze jours au moins avant la réunion de l'assemblée générale, tout actionnaire peut prendre par lui ou par un fondé de pouvoir, au siège social, communication du bilan, des inventaires et du rapport du conseil de surveillance.

13. L'émission d'actions ou de coupons d'actions d'une société constituée contrairement aux prescriptions des articles 1er, 2 et 3 de la présente loi, est punie d'une amende de cinq cents à dix mille francs. — Sont punis de la même peine : — Le gérant qui com-

mence les opérations sociales avant l'entrée en fonctions du conseil de surveillance ; — Ceux qui, en se présentant comme propriétaires d'actions ou de coupons d'actions qui ne leur appartiennent pas, ont créé frauduleusement une majorité factice dans une assemblée générale, sans préjudice de tous dommages-intérêts, s'il y a lieu, envers la société ou envers les tiers ; — Ceux qui ont remis les actions pour en faire l'usage frauduleux. — Dans les cas prévus par les deux paragraphes précédents, la peine de l'emprisonnement de quinze jours à six mois peut, en outre, être prononcée.

14. La négociation d'actions ou de coupons d'actions dont la valeur ou la forme serait contraire aux dispositions des articles 1er, 2 et 3 de la présente loi, ou pour lesquels le versement du quart n'aurait pas été effectué conformément à l'article 2 ci-dessus, est punie d'une amende de cinq cents à dix mille francs. — Sont punies de la même peine toute participation à ces négociations et toute publication de la valeur des dites actions.

15. Sont punis des peines portées par l'article 405 du Code pénal, sans préjudice de l'application de cet article à tous les faits constitutifs du délit d'escroquerie : — 1° Ceux qui, par simulation de souscriptions ou de versements ou par publication, faite de mauvaise foi, de souscriptions ou de versements qui n'existent pas, ou de tous autres faits faux, ont obtenu ou tenté d'obtenir des souscriptions ou des versements ; — 2° Ceux qui, pour provoquer des souscriptions ou des versements, ont, de mauvaise foi, publié les noms de personnes désignées, contrairement à la vérité, comme étant ou devant être attachées à la société à un titre quelconque ; — 3° Les gérants qui, en l'absence d'inventaires ou au moyen d'inventaires frauduleux, ont opéré entre les actionnaires la répartition de dividendes fictifs. — Les membres du conseil de surveillance ne sont pas civilement responsables des délits commis par le gérant.

16. L'article 463 du Code pénal est applicable aux faits prévus par les trois articles qui précèdent.

17. Des actionnaires représentant le vingtième au moins du capital social peuvent, dans un intérêt commun, charger à leurs frais un ou plusieurs mandataires de soutenir, tant en demandant qu'en défendant, une action contre les membres du conseil de surveillance, et de les représenter, en ce cas, en justice, sans préjudice de l'action que chaque actionnaire peut intenter individuellement en son nom personnel.

18. Les sociétés antérieures à la loi du 17 juillet 1856, et qui ne se seraient pas conformées à l'article 15 de cette loi, seront tenues, dans un délai de six mois, de constituer un conseil de surveillance, conformément aux dispositions qui précèdent. — A défaut de constitution du conseil de surveillance dans le délai ci-dessus fixé, chaque actionnaire a le droit de faire prononcer la dissolution de la société.

19. Les sociétés en commandite par actions antérieures à la présente loi, dont les statuts permettent la transformation en société anonyme autorisée par le Gouvernement, pourront se convertir en société anonyme dans les termes déterminés par le titre II de la présente loi, en se conformant aux conditions stipulées dans les statuts pour la transformation.

20. Est abrogée la loi du 17 juillet 1856.

TITRE II.

Des sociétés anonymes.

21. A l'avenir, les sociétés anonymes pourront se former sans l'autorisation du Gouvernement. — Elles pourront, quel que soit le nombre des associés, être formées par un acte sous seing privé fait en double original. — Elles seront soumises aux dispositions des articles 29, 30, 32, 33, 34 et 36 du Code de commerce et aux dispositions contenues dans le présent titre.

22. Les sociétés anonymes sont administrées par un ou plusieurs mandataires à temps, révocables, salariés ou gratuits, pris parmi les associés. — Ces mandataires peuvent choisir parmi eux un directeur, ou, si les statuts le permettent, se substituer un mandataire étranger à la société et dont ils sont responsables envers elle.

23. La société ne peut être constituée si le nombre des associés est inférieur à sept.

24. Les dispositions des articles 1er, 2, 3 et 4 de la présente loi sont applicables aux sociétés anonymes. — La déclaration imposée au gérant par l'article 1er est faite par les fondateurs de la société anonyme ; elle est soumise, avec les pièces à l'appui, à la première assemblée générale, qui en vérifie la sincérité.

25. Une assemblée générale est, dans tous les cas, convoquée, à

la diligence des fondateurs, postérieurement à l'acte qui constate la souscription du capital social et le versement du quart du capital, qui consiste en numéraire. Cette assemblée nomme les premiers administrateurs ; elle nomme également, pour la première année, les commissaires institués par l'article 32 ci-après. — Ces administrateurs ne peuvent être nommés pour plus de six ans ; ils sont rééligibles, sauf stipulation contraire. — Toutefois, ils peuvent être désignés par les statuts, avec stipulation formelle que leur nomination ne sera point soumise à l'approbation de l'assemblée générale. En ce cas, ils ne peuvent être nommés pour plus de trois ans. — Le procès-verbal de la séance constate l'acceptation des administrateurs et des commissaires présents à la réunion. — La société est constituée à partir de cette acceptation.

26. Les administrateurs doivent être propriétaires d'un nombre d'actions déterminé par les statuts. — Ces actions sont affectées en totalité à la garantie de tous les actes de la gestion, même de ceux qui seraient exclusivement personnels à l'un des administrateurs. — Elles sont nominatives, inaliénables, frappées d'un timbre indiquant l'inaliénabilité et déposées dans la caisse sociale.

27. Il est tenu, chaque année au moins, une assemblée générale à l'époque fixée par les statuts. Les statuts déterminent le nombre d'actions qu'il est nécessaire de posséder, soit à titre de propriétaire, soit à titre de mandataire, pour être admis dans l'assemblée, et le nombre de voix appartenant à chaque actionnaire, eu égard au nombre d'actions dont il est porteur. — Néanmoins, dans les assemblées générales appelées à vérifier les apports, à nommer les premiers administrateurs et à vérifier la sincérité de la déclaration des fondateurs de la société, prescrite par le deuxième paragraphe de l'article 24, tout actionnaire, quel que soit le nombre des actions dont il est porteur, peut prendre part aux délibérations avec le nombre de voix déterminé par les statuts, sans qu'il puisse être supérieur à dix.

28. Dans toutes les assemblées générales, les délibérations sont prises à la majorité des voix. — Il est tenu une feuille de présence ; elle contient les noms et domiciles des actionnaires et le nombre d'actions dont chacun est porteur. — Cette feuille, certifiée par le bureau de l'assemblée, est déposée au siège social et doit être communiquée à tout requérant.

29. Les assemblées générales qui ont à délibérer dans des cas

autres que ceux qui sont prévus par les deux articles qui suivent, doivent être composées d'un nombre d'actionnaires représentant le quart au moins du capital social. — Si l'assemblée générale ne réunit pas ce nombre, une nouvelle assemblée est convoquée dans les formes et avec les délais prescrits par les statuts, et elle délibère valablement, quelle que soit la portion du capital représenté par les actionnaires présents.

30. Les assemblées qui ont à délibérer sur la vérification des apports, sur la nomination des premiers administrateurs, sur la sincérité de la déclaration faite par les fondateurs, aux termes du paragraphe 2 de l'article 24, doivent être composées d'un nombre d'actionnaires représentant la moitié au moins du capital social. — Le capital social, dont la moitié doit être représentée pour la vérification de l'apport, se compose seulement des apports non soumis à vérification. — Si l'assemblée générale ne réunit pas un nombre d'actionnaires représentant la moitié du capital social, elle ne peut prendre qu'une délibération provisoire. Dans ce cas, une nouvelle assemblée générale est convoquée. Deux avis, publiés à huit jours d'intervalle, au moins un mois à l'avance, dans l'un des journaux désignés pour recevoir les annonces légales, font connaître aux actionnaires les résolutions provisoires adoptées par la première assemblée, et ces résolutions deviennent définitives si elles sont approuvées par la nouvelle assemblée composée d'un nombre d'actionnaires représentant le cinquième au moins du capital social.

31. Les assemblées qui ont à délibérer sur des modifications aux statuts ou sur des propositions de continuation de la société au-delà du terme fixé pour sa durée, ou de dissolution avant ce terme, ne sont régulièrement constituées et ne délibèrent valablement qu'autant qu'elles sont composées d'un nombre d'actionnaires représentant la moitié au moins du capital social.

32. L'assemblée générale annuelle désigne un ou plusieurs commissaires, associés ou non, chargés de faire un rapport à l'assemblée générale de l'année suivante sur la situation de la société, sur le bilan et sur les comptes présentés par les administrateurs. — La délibération contenant approbation du bilan et des comptes est nulle, si elle n'a été précédée du rapport des commissaires. — A défaut de nomination des commissaires par l'assemblée générale, ou en cas d'empêchement ou de refus d'un ou plusieurs des commissaires nommés, il est procédé à leur nomination ou à leur remplacement par

ordonnance du président du tribunal de commerce du siège de la société, à la requête de tout intéressé, les administrateurs dûment appelés.

33. Pendant le trimestre qui précède l'époque fixée par les statuts pour la réunion de l'assemblée générale, les commissaires ont droit, toutes les fois qu'ils le jugent convenable dans l'intérêt social, de prendre communication des livres et d'examiner les opérations de la société. — Ils peuvent toujours, en cas d'urgence, convoquer l'assemblée générale.

34. Toute société anonyme doit dresser, chaque semestre, un état sommaire de sa situation active et passive. — Cet état est mis à la disposition des commissaires. — Il est, en outre, établi chaque année, conformément à l'article 9 du Code de commerce, un inventaire contenant l'indication des valeurs mobilières et immobilières et de toutes les dettes actives et passives de la société. — L'inventaire, le bilan et le compte des profits et pertes sont mis à la disposition des commissaires le quarantième jour, au plus tard, avant l'assemblée générale. Ils sont présentés à cette assemblée.

35. Quinze jours au moins avant la réunion de l'assemblée générale, tout actionnaire peut prendre, au siège social, communication de l'inventaire et de la liste des actionnaires, et se faire délivrer copie du bilan résumant l'inventaire et du rapport des commissaires.

36. Il est fait annuellement, sur les bénéfices nets, un prélèvement d'un vingtième au moins, affecté à la formation d'un fonds de réserve. — Ce prélèvement cesse d'être obligatoire lorsque le fonds de réserve a atteint le dixième du capital social.

37. En cas de perte des trois quarts du capital social, les administrateurs sont tenus de provoquer la réunion de l'assemblée générale de tous les actionnaires, à l'effet de statuer sur la question de savoir s'il y a lieu de prononcer la dissolution de la société. — La résolution de l'assemblée est, dans tous les cas, rendue publique. — A défaut, par les administrateurs, de réunir l'assemblée générale, comme dans le cas où cette assemblée n'aurait pu se constituer régulièrement, tout intéressé peut demander la dissolution de la société devant les tribunaux.

38. La dissolution peut être prononcée sur la demande de toute partie intéressée, lorsqu'un an s'est écoulé depuis l'époque où le nombre des associés est réduit à moins de sept.

39. L'article 17 ast applicable aux sociétés anonymes.

40. Il est interdit aux administrateurs de prendre ou de conserver un intérêt direct ou indirect dans une entreprise ou dans un marché fait avec la société ou pour son compte, à moins qu'ils n'y soient autorisés par l'assemblée générale. — Il est, chaque année, rendu à l'assemblée générale un compte spécial de l'exécution des marchés ou entreprises par elle autorisés, aux termes du paragraphe précédent.

41. Est nulle et de nul effet à l'égard des intéressés toute société anonyme pour laquelle n'ont pas été observées les dispositions des articles 22, 23, 24 et 25 ci-dessus.

42. Lorsque la nullité de la société ou des actes et délibérations a été prononcée aux termes de l'article précédent, les fondateurs auxquels la nullité est imputable et les administrateurs en fonctions au moment où elle a été encourue, sont responsables solidairement envers les tiers, sans préjudice des droits des actionnaires. — La même responsabilité solidaire peut être prononcée contre ceux des associés dont les apports ou les avantages n'auraient pas été vérifiés et approuvés conformément à l'article 24.

43. L'étendue et les effets de la responsabilité des commissaires envers la société sont déterminés d'après les règles générales du mandat.

44. Les administrateurs sont responsables, conformément aux règles du droit commun, individuellement ou solidairement suivant les cas, envers la société ou envers les tiers, soit des infractions aux dispositions de la présente loi, soit des fautes qu'ils auraient commises dans leur gestion, notamment en distribuant ou en laissant distribuer sans opposition des dividendes fictifs.

45. Les dispositions des articles 13, 14, 15 et 16 de la présente loi sont applicables en matière de sociétés anonymes, sans distinction entre celles qui sont actuellement existantes et celles qui se constitueront sous l'empire de la présente loi. Les administrateurs qui, en l'absence d'inventaire ou au moyen d'inventaire frauduleux, auront opéré des dividendes fictifs, seront punis de la peine qui est prononcée dans ce cas par le n° 3 de l'article 15 contre les gérants des sociétés en commandite. — Sont également applicables en matière de sociétés anonymes les dispositions des trois derniers paragraphes de l'article 10.

46. Les sociétés anonymes actuellement existantes continueront à être soumises, pendant toute leur durée, aux dispositions qui les ré-

gissent. — Elles pourront se transformer en sociétés anonymes dans les termes de la présente loi, en obtenant l'autorisation du Gouvernement et en observant les formes prescrites pour la modification de leurs statuts.

47. Les sociétés à responsabilité limitée pourront se convertir en sociétés anonymes dans les termes de la présente loi, en se conformant aux conditions stipulées pour la modification de leurs statuts. — Sont abrogés les articles 31, 37 et 40 du Code de commerce et la loi du 23 mai 1863, sur les sociétés à responsabilité limitée.

TITRE III.

Dispositions particulières aux sociétés à capital variable.

48. Il peut être stipulé, dans les statuts de toute société, que le capital social sera susceptible d'augmentation par des versements successifs faits par les associés ou l'admission d'associés nouveaux, et de diminution par la reprise totale ou partielle des apports effectués. — Les sociétés dont les statuts contiendront la stipulation ci-dessus seront soumises, indépendamment des règles générales qui leur sont propres suivant leur forme spéciale, aux dispositions des articles suivants.

49. Le capital social ne pourra être porté par les statuts constitutifs de la société au-dessus de la somme de deux cent mille francs. — Il pourra être augmenté par des délibérations de l'assemblée générale, prise d'année en année; chacune des augmentations ne pourra être supérieure à deux cent mille francs.

50. Les actions ou coupons d'actions seront nominatifs, même après leur entière libération ; ils ne pourront être inférieurs à cinquante francs. — Ils ne seront négociables qu'après la constitution définitive de la société. — La négociation ne pourra avoir lieu que par voie de transfert sur les registres de la société, et les statuts pourront donner, soit au conseil d'administration, soit à l'assemblée générale, le droit de s'opposer au transfert.

51. Les statuts détermineront une somme au-dessous de laquelle le capital ne pourra être réduit par les reprises des apports autorisées par l'article 48. — Cette somme ne pourra être inférieure au

dixième du capital. — La société ne sera définitivement constituée qu'après le versement du dixième.

52. Chaque société pourra se retirer de la société lorsqu'il le jugera convenable, à moins de conventions contraires et sauf l'application du paragraphe 1er de l'article précédent. — Il pourra être stipulé que l'assemblée générale aura le droit de décider, à la majorité fixée pour la modification des statuts, que l'un ou plusieurs des associés cesseront de faire partie de la soéiété. — L'associé qui cessera de faire partie de la société, soit par l'effet de sa volonté, soit par suite de décision de l'assemblée générale, restera tenu, pendant cinq ans, envers les associés et envers les tiers, de toutes les obligations existant au moment de sa retraite.

53. La société, quelle que soit sa forme, sera valablement représentée en justice par ses administrateurs.

54. La société ne sera point dissoute par la mort, la retraite, l'interdiction, la faillite ou la déconfiture de l'un des associés ; elle continuera de plein droit entre les autres associés.

TITRE IV.

Dispositions relatives à la publication des actes de société.

55. Dans le mois de la constitution de toute société commerciale, un double de l'acte constitutif, s'il est sous seing privé, ou une expédition, s'il est notarié, est déposé aux greffes de la justice de paix et du tribunal de commerce du lieu dans lequel est établie la société. — A l'acte constitutif des sociétés en commandite par actions et des sociétés anonymes sont annexées : 1° une expédition de l'acte notarié constatant la souscription du capital social et le versement du quart ; 2° une copie certifiée des délibérations prises par l'assemblée générale dans les cas prévus par les articles 4 et 24. — En outre, lorsque la société est anonyme, on doit annexer à l'acte constitutif la liste nominative, dûment certifiée, des souscripteurs, contenant les nom, prénoms, qualités, demeure et le nombre d'actions de chacun d'eux.

56. Dans le même délai d'un mois, un extrait de l'acte constitutif et des pièces annexées est publié dans l'un des journaux désignés

pour recevoir les annonces légales. — Il sera justifié de l'insertion par un exemplaire du journal certifié par l'imprimeur, légalisé par le maire et enregistré dans les trois mois de sa date. — Les formalités prescrites par l'article précédent et par le présent article seront observées, à peine de nullité, à l'égard des intéressés; mais le défaut d'aucune d'elles ne pourra être opposé aux tiers par les associés.

57. L'extrait doit contenir les noms des associés autres que les actionnaires ou commanditaires; la raison de commerce ou la dénomination adoptée par la société et l'indication du siège social; la désignation des associés autorisés à gérer, administrer et signer pour la société; le montant du capital social et le montant des valeurs fournies ou à fournir par les actionnaires ou commanditaires; l'époque où la société commence, celle où elle doit finir, et la date du dépôt fait aux greffes de la justice de paix et du tribunal de commerce.

58. L'extrait doit énoncer que la société est en nom collectif ou en commandite simple, ou en commandite par actions, ou anonyme, ou à capital variable. — Si la société est anonyme, l'extrait doit énoncer le montant du capital social en numéraire et en autres objets, la quotité à prélever sur les bénéfices pour composer le fonds de réserve. — Enfin, si la société est à capital variable, l'extrait doit contenir l'indication de la somme au-dessous de laquelle le capital social ne peut être réduit.

59. Si la société a plusieurs maisons de commerce situées dans divers arrondissements, le dépôt prescrit par l'article 55 et la publication prescrite par l'article 56 ont lieu dans chacun des arrondissements où existent les maisons de commerce. — Dans les villes divisées en plusieurs arrondissements, le dépôt sera fait seulement au greffe de la justice de paix du principal établissement.

60. L'extrait des actes et pièces déposés est signé, pour les actes publics, par le notaire, et, pour les actes sous seing privé, par les associés en nom collectif, par les gérants des sociétés en commandite ou par les administrateurs des sociétés anonymes.

61. Sont soumis aux formalités et aux pénalités prescrites par les articles 55 et 56 : — Tous actes et délibérations ayant pour objet la modification des statuts, la continuation de la société au-delà du terme fixé pour sa durée, la dissolution avant ce terme et le mode de liquidation, tout changement ou retraite d'associés et tout chan-

gement à la raison sociale. — Sont également soumises aux dispositions des articles 55 et 56 les délibérations prises dans les cas prévus par les articles 19, 37, 46, 47 et 40 ci-dessus.

62. Ne sont pas assujettis aux formalités de dépôt et de publication les actes constatant les augmentations ou les diminutions du capital social opérées dans les termes de l'article 48, ou les retraites d'associés, autres que les gérants ou administrateurs, qui auraient lieu conformément à l'article 52.

63. Lorsqu'il s'agit d'une société en commandite par actions ou d'une société anonyme, toute personne a le droit de prendre communication des pièces déposées aux greffes de la justice de paix et du tribunal de commerce, ou même de s'en faire délivrer à ses frais expédition ou extrait par le greffier ou par le notaire détenteur de la minute. — Toute personne peut également exiger qu'il lui soit délivré au siége de la société une copie certifiée des statuts, moyennant une somme qui ne pourra excéder un franc. — Enfin, les pièces déposées doivent être affichées d'une manière apparente dans les bureaux de la société.

64. Dans tous les actes, factures, annonces, publications et autres documents *imprimés* ou *autographiés*, émanés des sociétés anonymes ou des sociétés en commandite par actions, la dénomination sociale doit toujours être précédée ou suivie immédiatement de ces mots, écrits lisiblement en toutes lettres : *Société anonyme* ou *Société en commandite par actions*, et de l'énonciation du montant du capital social. — Si la société a usé de la faculté accordée par l'article 48, cette circonstance doit être mentionnée par l'addition de ces mots : *à capital variable*. — Toute contravention aux dispositions qui précèdent est punie d'une amende de cinquante francs à mille francs.

65. Sont abrogées les dispositions des articles 42, 43, 44, 45 et 46 du Code de commerce.

TITRE V.

Des Tontines et des Sociétés d'assurances.

66. Les associations de la nature des tontines et les sociétés d'assurances sur la vie, mutuelles ou à primes, restent soumises à l'au-

torisation et à la surveillance du Gouvernement. — Les autres sociétés d'assurances pourront se former sans autorisation. Un règlement d'administration publique déterminera les conditions sous lesquelles elles pourront être constituées.

67. Les sociétés d'assurances désignées dans le paragraphe 2 de l'article précédent, qui existent actuellement, pourront se placer sous le régime qui sera établi par le règlement d'administration publique, sans l'autorisation du Gouvernement, en observant les formes et les conditions prescrites pour la modification de leurs statuts.

TABLE DES MATIÈRES

INTRODUCTION.

CHAPITRE Ier.

NOMINATION ET RÉVOCATION DES ADMINISTRATEURS.

CHAPITRE II.

OBLIGATIONS DES ADMINISTRATEURS.

CHAPITRE III.

POUVOIRS DES ADMINISTRATEURS.

Responsabilité des administrateurs.

CHAPITRE IV.

RESPONSABILITÉ POUR CAUSE DE NULLITÉ.

CHAPITRE V.

RESPONSABILITÉ POUR FAUTES DE GESTION.

CHAPITRE VI.

DES ACTIONS EN RESPONSABILITÉ.

CHAPITRE VII.

RESPONSABILITÉ PÉNALE.

CHAPITRE VIII.

PRESCRIPTION ET COMPÉTENCE.

CHAPITRE IX.

DES RÉFORMES LÉGISLATIVES.

Paris. — Imp. F. Pichon, 30, rue de l'Arbalète, et 24, rue Soufflot.

www.ingramcontent.com/pod-product-compliance
Ingram Content Group UK Ltd.
Pitfield, Milton Keynes, MK11 3LW, UK
UKHW012019240726
13965UKWH00002B/462

9 782012 477186